M&A
プレイヤーのための

不動産デューデリジェンスの基礎

調査の手順とその分析

不動産鑑定士
村上 良介 著

税務経理協会

はじめに

上場企業同士のM&Aに限らず，中小企業の事業承継に起因したM&Aについても，政府の後押しもあり経営者，M&A支援業者の認知が進み，取引件数は右肩上がりで推移しています。M&Aプロセスにおいてデューデリジェンスは M&A 成功の重要な役割を担っています。

不動産デューデリジェンス（不動産DD）については，建物の物理的損傷や契約上の不備などを見逃してしまい適切に不動産価格に反映されなかったといったようなリスクを回避するため，主に不動産鑑定士が作成する鑑定評価書による経済的調査，建築士等が作成するエンジニアリングレポートによる物理的調査，弁護士が作成するリーガルレポートによる法的調査がそれぞれ実施されリスクが把握できるようになっています。しかし，会社や不動産の規模や予算の制約等の事情によって全ての不動産について外部専門家による不動産DDが実施されないケースが多くあります。そのような場合であっても，M&Aプレーヤーが最低限の調査を行い，情報を収集，整理，分析することで，懸念となる事項を発見し対策につなげることができます。

本書では，M&Aプレイヤーとなる金融機関，士業，M&Aアドバイザー，売主，買主企業の担当者等に対して不動産DDに関する基本的な項目を網羅的に解説し，理解していただくことを目的として執筆しました。

本書を通じて皆様の不動産DDへの理解が深まり，M&A取引の円滑な進行に寄与することができれば筆者としてこれ以上ない喜びであります。

最後となりましたが，本書の企画から刊行まで担当くださった株式会社税務経理協会の中村謙一氏に感謝申し上げます。

2023 年 2 月

不動産鑑定士　村上良介

CONTENTS

第3章　境界と権利

第4章　エンジニアリングレポートと環境調査

第5章 不動産と権利関係

第6章　不動産の価格の求め方

第7章 農地林地の調査

第8章 不動産M&A

第1章

法務局調査

法務局では，不動産登記法に基づいて不動産に関する事項を記録し，その記録は自己のものに限らず第三者の不動産であっても閲覧し交付を受けることができます。不動産調査の基礎となる資料である不動産登記簿及び公図等の地図や図面を入手し，不動産を物理的側面と権利関係の側面から調査を行います。本章では，調査に必要となる法務局で入手できる資料と内容について説明します。

1 不動産登記

不動産登記は不動産の表示及び不動産に関する権利を公示するための制度で，民法177条には不動産に関する物権（所有権，地上権等）の取得や喪失した際に登記しなければ，第三者に対抗することができないとされています。

不動産の所有者が，AとBそれぞれと同一不動産について売買契約を締結して譲渡したとして，Aには登記があり，Bには登記がなかったとすれば，Aは登記があるため所有権を主張することができ，Bは所有権を主張できないことになります。

一方で，登記簿に記載されている所有者から不動産を取得したが，実は真の所有者が別に存在していた場合，登記簿を信じて購入した者は真の所有者に対して所有権を主張することはできません。真実の権利者と登記簿を信じた購入者では真実の権利者が保護されることになり，このことから不動産登記には対抗力はあるが公信力はないといわれています。

1 登記できる権利と借地権

登記することができる権利は10種類あり，所有権，地上権，永小作権，地役権，先取特権，質権，抵当権，賃借権，配偶者居住権，採石権があります。

借地権（地上権・土地賃借権）については登記簿を見ただけではその存否を判断することはできないので注意が必要です。借地人が土地所有者の協力を得て借地権の登記することができるのですが，特に土地賃借権はほとんど登記されていません。借地権の登記がなければ第三者へ対抗できないということではなく，借地借家法10条では借地人が所有する建物の登記があれば対抗できるとされています。建物の存否と建物所有者について登記簿と現地調査を合わせて確認する必要があります。

2　登記簿謄本

登記簿謄本と登記事項証明書はほぼ同じもので，コンピュータ化された登記記録の内容を証明したものを登記事項証明書，コンピュータ化していない紙の登記簿の内容を証明したものを登記簿謄本といいます。登記簿の構成としては表題部，権利部甲区（所有権に関する事項），権利部乙区（所有権以外の権利に関する事項）に区分されています。

対象不動産の登記簿を取得するのみならず，その隣接する土地の登記簿も取得します。固定資産税課税明細書等で全てを把握できているとしても，その後の所有権の変動まで反映されていない可能性があり，また，事業用地として法人の所有地だけでなくオーナー個人の所有地を利用していることが判明するなどの漏れを防ぐことができます。

〔登記簿の構成〕

表題部	土地：所在，地番，地目，地積など 建物：所在，家屋番号，種類，構造，床面積など
権利部（甲区）	所有権に関する事項が記載されています。 ・所有者 ・所有権移転等の年月日，原因（売買，相続等） ・所有権の仮登記，差押
権利部（乙区）	所有権以外の権利に関する事項が記載されています。 ・抵当権，賃借権，地上権等の権利者

〔登記事項証明書〕

表　題　部（土地の表示）	調製	平成5年6月10日	不動産番号	0000000000000
地図番号	余白	筆界特定	余白	
所　在	○○市○○区○○町		余白	

①　地　番	②地　目	③　地　積　m^2	原因及びその日付〔登記の日付〕
○番○	宅地	200 00	○番○から分筆 〔昭和○年○月○日〕

権　利　部（甲　区）（所　有　権　に　関　す　る　事　項）			
順位番号	登記の目的	受付年月日・受付番号	権利者その他の事項
1	所有権移転	昭和○年○月○日 第00000号	原因　昭和○年○月○日相続 所有者　○○市○○区○○町○番地 山田太郎
2	所有権移転	平成○年○月○日 第1111号	原因　平成○年○月○日売買 所有者　○○市○○区○○町○番地 株式会社山田

権　利　部（乙　区）（所　有　権　以　外　の　権　利　に　関　す　る　事　項）			
順位番号	登記の目的	受付年月日・受付番号	権利者その他の事項
1	根抵当権設定	平成○年○月○日 第1112号	原因　平成○年○月○日設定 極度額　金○○○○万円 債権の範囲　銀行取引　手形債権 債務者　○○市○○区○○町○番地 株式会社山田 根抵当権者　○○市○○丁目○番○号 株式会社○○銀行 共同担保　目録（○）第0000号

共　同　担　保　目　録			
記号及び番号	（○）第0000号	調製	平成○年○月○日
番　号	担保の目的である権利の表示	順位番号	予　備
1	○○市○○区○○町○番地○ 家屋番号○番○の建物	1	余　白
2	○○市○○区○○町○番○の土地	1	余　白

3　地番の調べ方

地番は一筆の土地ごとに付される番号であり，住居表示に関する法律によって居所，事務所などに対して表示される住居表示（住所）とは異なります。住所から地番を調べるためには，ブルーマップ（公図に基づく公図界，公図番号，地番がブルーで記入された住宅地図）又は民事法務協会がインターネット上に提供する登記情報提供サービスに住居表示と地番が記載されていますので検索できます。ただし，土地の筆界は記載されていませんので，地番が特定できれば，公図等を取得して土地の位置や形状等の詳細を調査することになります。

〔登記情報提供サービスによる地番検索〕

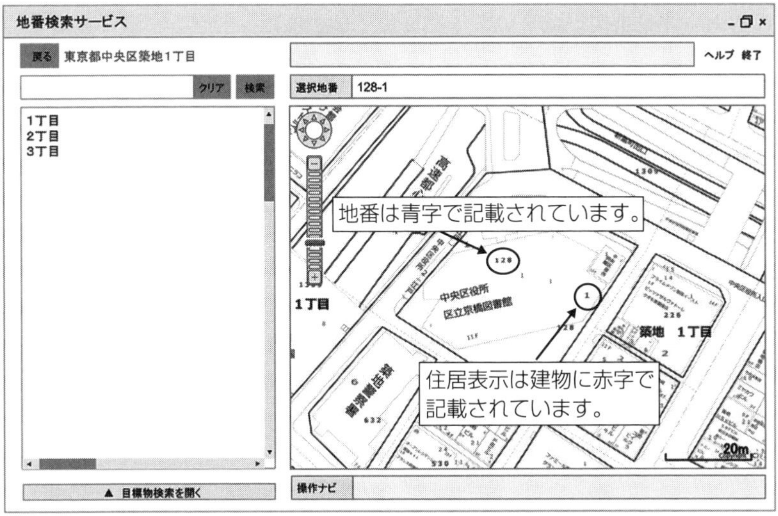

（出所：一般社団法人民事法務協会　登記情報提供サービス）

2 法務局で取得する図面

1 公図

公図は，不動産登記法14条に定める地図である「14条地図」と，旧土地台帳法に基づき保管されていた土地台帳付属地図である「地図に準ずる図面」に分けられます。14条地図は精度の高い調査，測量の成果によって作成された精緻な地図ですが，全国全ての土地について作成されてはいませんので，法務局に14条地図が備え付けられるまでの間，地図に準ずる図面が備え付けられています。地図に準ずる図面は明治時代に作成されたものもあり測量精度が低く，参考程度に土地の位置，形状を把握できるものとなります。

現地調査において公図と現況が一致しない場合には，地積測量図や建物図面も合わせて参考とし，また必要に応じて隣地所有者に立ち会いを依頼しますが，調査段階によっては依頼が困難なこともあります。現況と著しく相違するような公図混乱地域の場合には，市町村が固定資産税課税のために作成し備え付けている地籍図を閲覧又は写しの交付を受けることも有効です。

〔公図の例〕

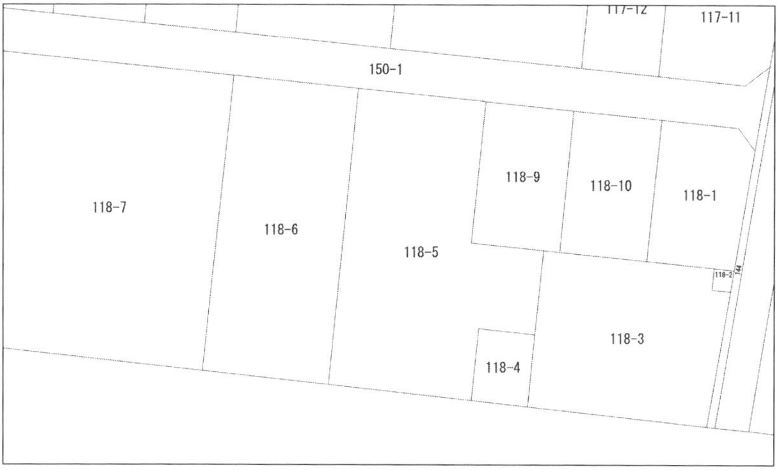

請求部分	所在	○○市○○区○○丁目				地番	○○番○		
出力縮尺	1/500	精度区分	甲二	座標系番号又は記号	X	分類	地図(法第１４条第１項)	種類	土地区画整理所在図
作成年月日	昭和58年11月12日			備付年月日(原図)	昭和59年3月1日		補記事項		

14条地図であることを示しています。
14条地図でなければ，地図に準ずる図面との記載になります。

2　地積測量図

地積測量図は，土地家屋調査士が作成する図面で，土地の分筆，地積更正の登記が行われる際に登記所に備え付けられるものです。したがって，分筆をしていない土地，測量を行ったとしても地積更正の登記まで行わない土地については作成されておらず，地積測量図が取得できないこともあります。

地積測量図は，土地の形状，隣地との位置関係，境界標，求積表が記載されています。公図が正確ではない場合には，地積測量図を用いて確認を行うことが有効です。また，地積測量図がない場合，測量の機会がなかったと推定できることから登記簿上の地積と実際の地積には乖離している可能性があると考えられます。

3　建物図面及び各階平面図

建物図面は，建物の敷地と一階の位置及び形状を明確にするもので，敷地の形状，隣接地の地番が記載されています。各階平面図には，各階の形状，一階の位置，各階ごとの床面積が記載されています。

3 不動産登記簿等を取得する

法務局では土地，建物に関する登記記録が公開されており，登記簿，地積測量図，建物図面など取得することができます。インターネット上の登記情報提供サービス（https://www1.touki.or.jp/）からこれらの登記情報を取得することもできます。法務局の窓口で請求・交付を受けることができますが，利用料金が高く，出向く手間もあるため，特別に相談がある場合を除き，インターネットが便利です。

〔利用料金〕

請求方法	登記事項証明書	図面等
法務局で請求	1通　600円	1筆　450円
インターネット	1通　332円	1筆　362円

4 登記済証と登記識別情報

所有権移転登記などの権利に関する登記を申請する際に，登記義務者（売買では売主）が保有する登記識別情報が必要となります。登記識別情報は本人確認手段の1つで，登記所に提出される情報となります。登記が完了した場合には，売買であれば買主に登記識別情報が通知されます。以前は登記済証（いわゆる権利証）が同じ役割を持っていましたが，オンライン化が進み置き換わってきています。

登記識別情報通知書には12桁の英数字が記載されていて，司法書士等がシールで封印された12桁の記号を開封して申請書類を作成することになります。重要なのは通知書ではなく12桁の記号であり，また通知書は再発行されないため紛失等には注意が必要です。仮に紛失が発覚したとしても登記申請には印鑑証明書や実印による捺印が必要になるため，不正な登記が容易に行えるものではありませんので過度な心配は不要です。紛失した場合には，登記所から登記名義人に対して事前通知による本人確認が行われるか，司法書士が本人であることを確認した旨の書類（本人確認情報）を提出する方法で代替することができます。

M&A取引において，引渡し書類に登記識別情報通知書や登記済証が含まれる場合には，該当する不動産に対応する書類が全て揃っているか確認する必要があります。また，クロージング時に，所有権の移転登記や担保設定等が伴うのであれば，事前に司法書士による書類の確認を要請し，登記書類に不備がないように準備します。

〔登記識別情報通知の見本〕

登記識別情報通知

次の登記の登記識別情報について、下記のとおり通知します。

【不動産】
大阪市中央区上町一丁目４番８の土地

【不動産番号】
１２０００００９９５９５
【受付年月日・受付番号（又は順位番号）】
平成２７年１月１５日受付　第７３号
【登記の目的】
所有権移転
【登記名義人】
大阪市中央区上町一丁目１００番地
法務花子

（以下余白）

＊下線のあるものは抹消事項であることを示す。

平成２７年１月１６日
大阪法務局
登記官　　大　阪　登　記　官　一　郎　みほん 電子公印

記
登　記　識　別　情　報

4	4	A	-	T	3	W	-	P	3	7	-	X	C	N

（出所：法務局）

第2章

不動産に関する法令規制と調査

不動産の利用及び活用は，都市計画法や建築基準法をはじめとした数多くの法令上の規制・制限の下で行わなければなりません。調査の漏れがあれば，計画の変更・中止を余儀なくされてしまいます。全てを網羅することは難しいため，本章では特に重要な法令規制について取り上げていきます。

1 都市計画法と建築基準法

不動産において重要な法令として挙げられるのが，都市計画法と建築基準法です。都市計画法は，計画的な街づくりを行うために定められる法律です。建築基準法は，建築物の最低限の基準を定めた法律です。都市計画法によって，地方自治体が都市計画の内容を決定し，住宅系，商業系，工業系などの区域を分け，当該区域で建築できる用途の建築物を建築基準法に従って設計，建築するという関係になっています。

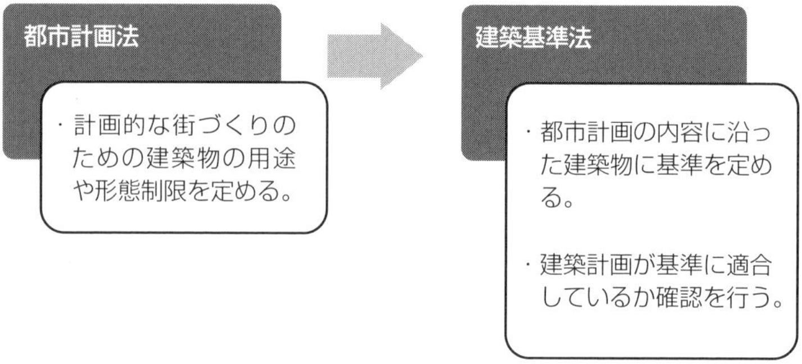

2 都市計画区域

1 都市計画区域

都市計画区域とは，一体の都市として総合的に整備，開発，保全する必要がある区域として都道府県が指定する区域をいい，道路，公園，下水道などのインフラを整備し秩序ある街づくりをするために指定されます。

都市計画区域内では，全ての区域で街づくりが行われるわけではなく，市街化を促進する市街化区域と市街化を抑制する市街化調整区域に分けており，これを区域区分といいます。

市街化区域は既に市街地を形成している区域及びおおむね10年以内に優先的かつ計画的に市街化を図るべき区域とされ，市街地にある住宅地，商業地，工業地が該当します。

市街化調整区域は市街化を抑制すべき区域とされており，郊外の農家住宅が建つ農地地域などが該当します。

なお，区域区分が定められた都市計画区域を線引き都市計画区域，区域区分が定められていない都市計画区域を非線引き都市計画区域といいます。

2 準都市計画区域

準都市計画区域は，都市計画区域外の区域のうち，建築物等の建築等が行われているもしくは行われると見込まれる区域で積極的な整備，開発は行わないが，放置すれば将来の都市形成に支障が生じるために，一定の制約をかけるため指定される区域です。田舎にある高速道路のインターチェンジや北海道のスキー場周辺などで大規模集客施設やリゾート施設の開発が行われる見込みが高い地域に多くみられます。

〔都市計画区域のイメージ〕

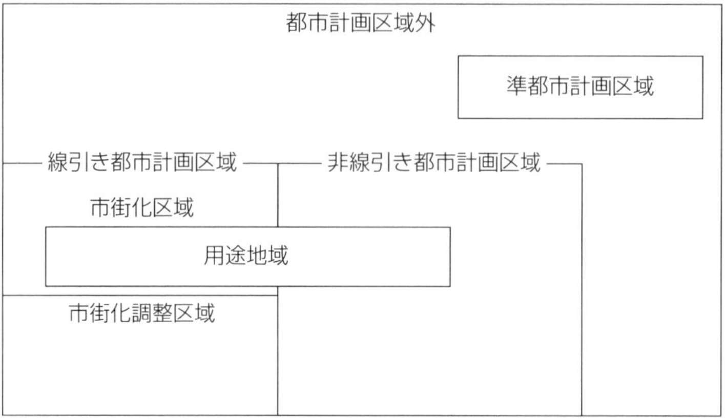

（国土交通省　都市計画法制より作成）

3　用途地域

街づくりを促進する市街化区域では必ず用途地域が定められ，住居系，商業系，工業系の13種類に分けられます。用途地域が定められると，建築基準法によってそれぞれ建築できる建物の用途，建ぺい率，容積率，規模等に制限が課されることになります。

非線引き都市計画区域でも用途地域を定めることができますが，市街化を抑制する市街化調整区域では原則として定められません。

用途地域	地域のイメージ
第１種低層住居専用地域	低層住宅に係る住環境を保護するための地域
第２種低層住居専用地域	小規模店舗は認め，主として低層住宅に係る住環境を保護するための地域
第１種中高層住居専用地域	中高層住宅に係る住環境を保護するための地域
第２種中高層住居専用地域	一定の利便施設は認め，主として中高層住宅に係る住環境を保護するための地域
第１種住居地域	大規模店舗・事務所を制限し，住環境を保護するための地域
第２種住居地域	店舗・事務所等と併存しつつ，主として住環境を保護するための地域
準住居地域	道路沿道型施設等と調和した住環境を保護するための地域
田園住居地域	農業の利便の増進を図りつつ，低層住宅に係る住環境を保護するための地域
近隣商業地域	近隣の住宅地の住民のための店舗・事務所等の利便を増進するための地域
商業地域	店舗・事務所等の利便を増進するための地域
準工業地域	環境悪化をもたらすおそれのない工業の利便を増進するための地域
工業地域	主として工業の利便を増進するための地域
工業専用地域	住居は認めず，工業の利便を増進するための地域

4　その他の地域地区

用途地域のほかに地域地区が定められることがあります。街の特徴に合わせてその他の地域地区を定めることで，規制を緩和，強化しています。主な地域地区は以下のとおりです。

その他の地域地区	地域地区の概要
特別用途地区	用途地域内において一定の地区における特性にふさわしい土地利用の増進，環境保護等のために定める地区 特別工業型，事務所・文教型，スポーツ・レクリエーション型，観光型，研究開発型などの類型があります。
高度地区	用途地域内において建築物の高さの最高限度又は最低限度を定める地区
高度利用地区	用途地域内において，建築物の容積率の最高限度及び最低限度，建築物の建蔽率の最高限度，建築物の建築面積の最低限度並びに壁面の位置の制限を定める地区
特定街区	建築物の容積率並びに建築物の高さの最高限度及び壁面の位置の制限を定める街区 丸の内や西新宿エリアの超高層ビル街が該当します。
生産緑地地区	市街化区域の農地を保護し，宅地との調和を目的として指定されます。 指定された農地は相続税，固定資産税において税制面での優遇が受けられます。
防火地域・準防火地域	市街地における火災の危険を防除するため定める地域

3 建ぺい率

1　建ぺい率

建ぺい率は，建築物の建築面積（同一敷地内に2以上の建築物がある場合においては，その建築面積の合計）の敷地面積に対する割合をいい，用途地域ごとに定められます。通風，採光の確保のほか，防火の観点から敷地に一定の空地を確保するために定められるもので，商業系より住居系の用途地域の方が空地の割合が大きくなっています。

〔建ぺい率のイメージ〕

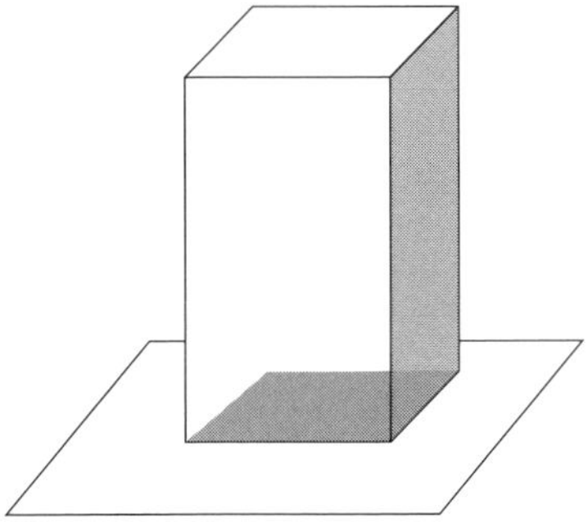

敷地面積：100m^2
建築面積：40m^2
建ぺい率：40m^2÷100m^2＝40%

〔建ぺい率の制限〕

用途地域	建ぺい率
第1・2種低層住居専用地域 第1・2種中高層住居専用地域 田園住居地域 工業専用地域	30％，40％，50％，60％(※)
第1・2種住居地域 準住居地域 準工業地域	50％，60％，80％(※)
近隣商業地域	60％，80％(※)
商業地域	80％
工業地域	50％，60％(※)
用途地域の指定のない地域	30％，40％，50％，60％，70％

（※）都市計画において定められます。

2　建ぺい率の緩和

建ぺい率は一定の条件を満たすことで緩和されます。

	緩和の条件	緩和率
ア	防火地域内（建ぺい率が80％とされている地域を除く）にある耐火建築物等，準防火地域内にある耐火建築物等又は準耐火建築物等	＋10％
イ	特定行政庁が指定する角地	＋10％
ウ	アとイの両方を満たす	＋20％

角地であればどこでも緩和が受けられるというわけではなく，自治体ごとに角地指定のルールが存在するため，役所の担当課に都度確認する必要があります。また，建ぺい率80％の第1種・第2種・準住居地域，準工業地域，近隣商業地域，商業地域では，防火地域内にある耐火建築物等は建ぺい率の適用はなく，100％となります。

3　2以上の用途地域にわたる場合

敷地が2以上の用途地域にわたる場合には，各地域に定められている建ぺい率に各土地の敷地面積の割合を乗じて得たものの合計が限度となります。

〔2以上の用途地域にわたる場合の建ぺい率の計算〕

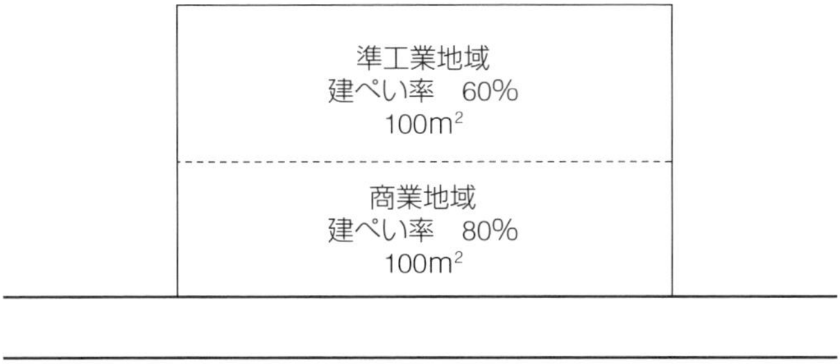

$$\frac{100\text{m}^2\times80\%+100\text{m}^2\times60\%}{200\text{m}^2}=\text{建ぺい率}70\%$$

4 容積率

1　容積率

容積率は建築物の延べ面積の敷地面積に対する割合をいい，用途地域ごとに定められます。

例えば，閑静な低層住宅地域に高層マンションが建築されると周辺住民の日照，通風が阻害されるとともに，景観を損ねてしまいます。また，地域の人口が急激の増加し，都市計画で想定したインフラのキャパシティを超えてしまうという不都合が生じます。このような問題を回避すべく，住宅系は良好な住環境を確保するため高度利用は抑制的に，商業系は地域の賑わい等の創出を可能にするため高層化できるように，それぞれ適切な容積率が定められています。

〔容積率のイメージ〕

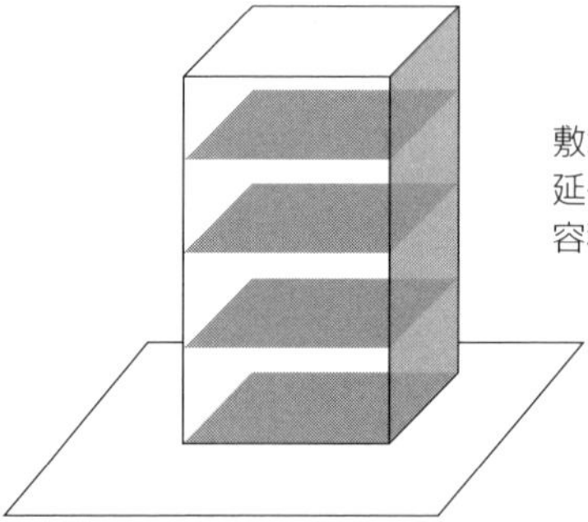

敷地面積：$100m^2$
延べ面積：$40m^2$×4階＝$160m^2$
容積率：$160m^2$÷$100m^2$＝160%

〔容積率の制限〕

用途地域	容積率
第１・２種低層住居専用地域 田園住居地域	50％，60％，80％，100％，150％，200％(※)
第１・２種中高層住居専用地域 第１・２種住居地域 準住居地域 近隣商業地域 準工業地域	100％，150％，200％，300％，400％，500％(※)
商業地域	200％，300％，400％，500％，600％，700％，800％，900％，1000％，1100％，1200％，1300％(※)
工業地域 工業専用地域	100％，150％，200％，300％，400％(※)
用途地域の指定のない区域	50％，80％，100％，200％，300％，400％

（※）都市計画において定められます。

2　前面道路の幅員による制限

敷地の前面道路の幅員が12m未満である場合は，指定された容積率（指定容積率）と前面道路の幅員に一定の数値を乗じたもののいずれか低い方が限度となります。

第1種中高層住居専用地域（指定容積率200％）にあって前面道路が4mであれば，4m×0.4＝1.6（160％）が建築できる建築物の容積率の限度となります。

地域	容積率限度の計算式
住居系用途地域(※1)	前面道路の幅員×0.4(※2)
住居系以外の用途地域	前面道路の幅員×0.6(※3)

（※1）第１・２種低層住居専用地域，第１・２種中高層住居専用地域，第１・２種住居地域，準住居地域，田園住居地域

（※2）特定行政庁が指定する区域では0.6

（※3）特定行政庁が指定する区域では0.4又は0.8

3　2以上の用途地域にわたる場合

敷地が2以上の用途地域にわたる場合には，各地域に定められている容積率に各土地の敷地面積の割合を乗じて得たものの合計が限度となります。

〔2以上の用途地域にわたる場合の容積率の計算〕

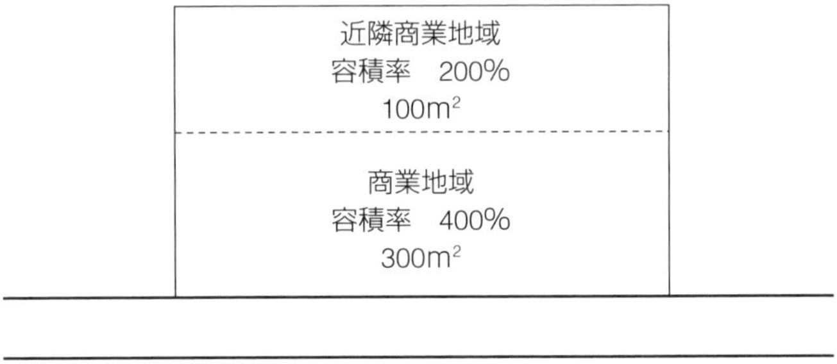

$$\frac{300\text{m}^2 \times 400\% + 100\text{m}^2 \times 200\%}{400\text{m}^2} = \text{容積率}350\%$$

4　特定道路による容積率の緩和

前面道路の幅員が6m以上12m未満であり，敷地が幅員15m以上の道路（特定道路）から70m以内にある場合には，容積率の緩和を受けることができます。

地域	容積率限度の計算式
住居系用途地域	（前面道路の幅員＋Wa）×0.4（0.6）
住居系以外の用途地域	（前面道路の幅員＋Wa）×0.6（0.4又は0.8）

Wa：緩和される値

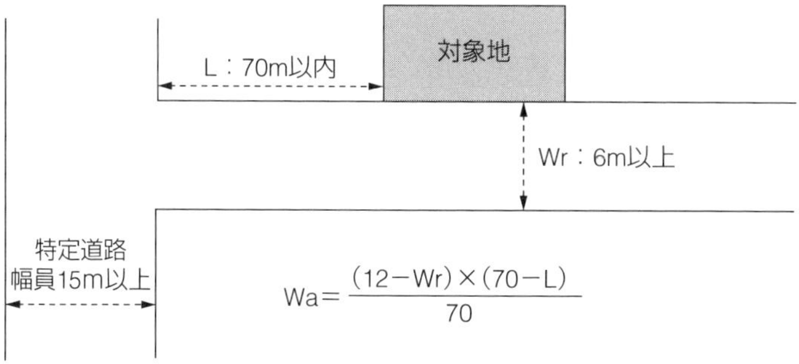

〔適用例〕

① 都市計画において定められた容積率　600％（商業地域）
② 道路幅員（Wr）　6m
特定道路からの距離（L）　55m
前面道路の幅員に乗ずる数値　0.6

$$Wa：\frac{(12-6)\times(70-35)}{70}=3m$$

(6m＋3m)×0.6＝540％＜600％…540％が容積率の限度

5　容積率と価格の関係

ある道路沿いにA土地（商業地域，容積率400％）があり，その道路向かいにB土地（商業地域，容積率500％）があった場合，敷地規模等の条件が同一とすれば一般的にはB土地の方が価格は高くなります。土地の利用者はなるべく限度いっぱいまで容積率が消化できる建物を建築するよう計画することが通常です。賃貸マンションであれば賃貸可能面積が多ければそれだけ多くの賃料収入が得られ，分譲マンションであれば販売収入の増加に直結します。

容積率100％当たりの土地価格を一種単価といい，マンション開発業者などが土地価格を検討する際の1つの目安として使っています。例えば，以下のような比較を行うとします。

A 土地：売り希望坪単価 500 万円，容積率 400 %

B 土地：売り希望坪単価 650 万円，容積率 500 %

A 土地の一種単価は 125 万円，B 土地の一種単価は 130 万円となり，容積率は 100 %低くなりますが，事業採算性を検討する上では A 土地を購入したいと考えるはずです。

また，建物は新しく収益性が高そうなのに不動産価格が思ったより伸びない場合には，容積率が未消化の建物であることを疑う必要があります。地主が相続対策で低層アパートを建築している，借地契約で低層の貸しビルの建築に制限されているなど，経済合理性から乖離した条件により建築された建物があり，本来のポテンシャルを発揮できていない可能性が高いといえます。

5 防火指定

防火地域，準防火地域は，市街地において火災による危険を防ぐために，建築物の構造について規制する地域です。防火地域は，商業地域など建物の密集度が高く，火災の危険が高い地域に定められます。準防火地域は，市街地にあって，建物が密集し建物を耐火又は防火構造等とする必要がある地域などで指定されます。

建築物の敷地が防火地域と準防火地域又は防火・準防火地域とそれ以外の地域にわたるような場合には，より厳しい規制が適用される地域にあるものとして建築物に関する規定が適用されます。

建物の階数及び規模に応じて建築物の構造が以下のように制限されます。

〔防火地域・準防火地域の建築制限〕

<table>
<tr><td rowspan="2">階数
（地下含む）</td><td colspan="2">防火地域</td></tr>
<tr><td>100m^2 以下</td><td>100m^2 超</td></tr>
<tr><td>3 階建</td><td colspan="2">耐火建築物等</td></tr>
<tr><td>2 階建</td><td rowspan="2">準耐火建築物等</td><td rowspan="2"></td></tr>
<tr><td>平屋建</td></tr>
</table>

<table>
<tr><td rowspan="2">階数
（地下除く）</td><td colspan="3">準防火地域</td></tr>
<tr><td>500m^2 以下</td><td>500m^2 超
1,500m^2 以下</td><td>1,500m^2 超</td></tr>
<tr><td>4 階以上</td><td colspan="3">耐火建築物等</td></tr>
<tr><td>3 階建</td><td></td><td rowspan="3">準耐火建築物等</td><td rowspan="3"></td></tr>
<tr><td>2 階建</td><td rowspan="2">防火構造の
建築物（※ 1）</td></tr>
<tr><td>平屋建</td></tr>
</table>

（※ 1）木造以外は一定の防火設備のある建築物。
（※ 2）耐火建築物は延焼防止建築物，準耐火建築物は準延焼防止建築物とすることができる。

また，防火地域及び準防火地域以外でも，建築基準法 22 条 1 項に基づいて指定する区域（法 22 条区域）では，火災を予防するため，屋根を不燃材で葺くなど技術的基準に適合することが求められます。

6 高さに関する制限

日照確保，良好な住環境の保護，土地の高度利用などを目的として，建築物の高さを制限する規制が複数存在します。

〔制限の種類と目的〕

制限		目的
絶対高さ制限		良好な住環境を維持するため，第 1 種低層住居専用地域，第 2 種低層住居専用地域，田園住居地域内では，建築物の高さは，10m 又は 12m に制限されます。
斜線制限	道路斜線制限	道路と沿道の建物の通風，日照，採光などの環境を確保することを目的として，建物の高さが制限されます。
	隣地斜線制限	隣地との関係おいて，通風，日照，採光などを確保し，高い建築物の建築を制限し閉塞感を防ぐことを目的としています。
	北側斜線制限	建築物が北側に落とす日影を制限し，北側隣地への影響を限定することを目的としています。
日影規制		中高層建築物が近隣に落とす日影の時間を制限し，周辺地域の日照時間を確保することを目的としています。
高度地区		用途地域内の市街地環境の維持，土地利用増進を目的に高さの最高限度又は最低限度を定めます。

1　道路斜線制限

道路の幅員に応じて建築物の高さを制限するもので，敷地が面する道路の反対側の境界線から一定勾配の斜線の内側に建築物の高さを収めるよう制限されます（**図 1**）。

道路境界線から後退した場合，その距離と同じ距離だけ反対側の道路境界線が後退したものとみなす緩和規定があります（**図 2**）。

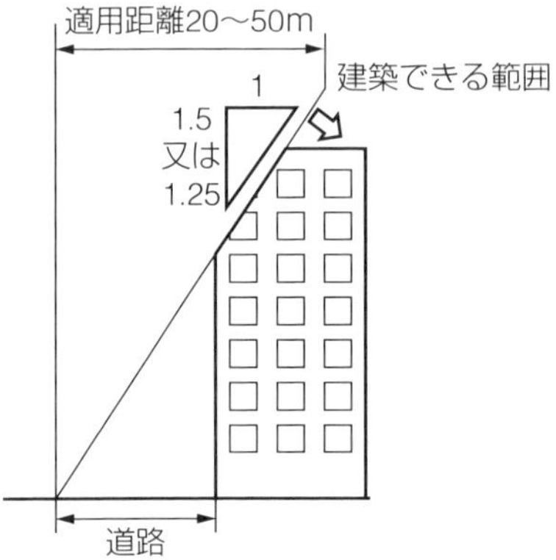

（図 1）

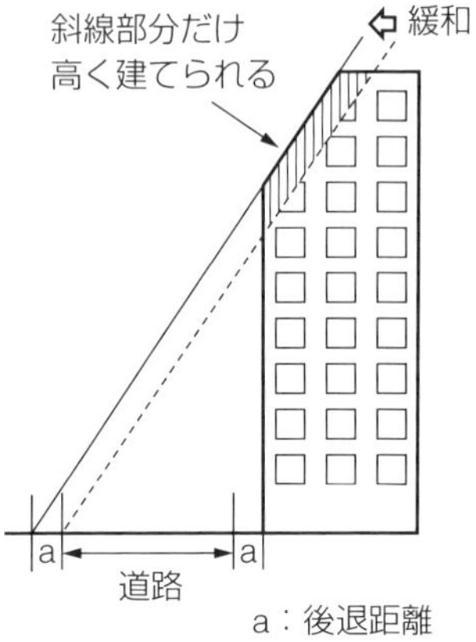

（図 2）

2　隣地斜線制限

隣地境界線からの高さと傾斜によって高さが制限されます（**図 3**）。絶対高さ制限がある第 1 種低層住居専用地域，第 2 種低層住居専用地域，田園住居地域では適用されません。

3　北側斜線制限

北側隣地の日照の確保に配慮するため北側斜線制限が適用されます（**図 4**）。第 1 種・第 2 種低層住居専用地域，田園住居地域では隣地境界線から立ち上がりの高さ 5m に斜線勾配 1.25 の範囲内，第 1 種・第 2 種中高層住居専用地域では立ち上がりの高さ 10m に斜線勾配 1.25 の範囲内に建築が制限されます。

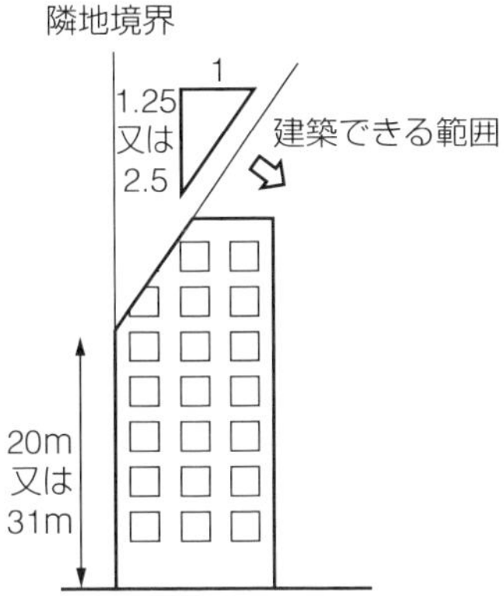

（図 3）

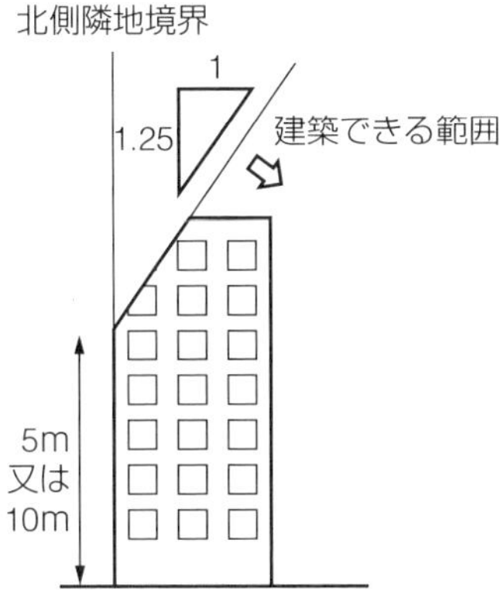

（図 4）

4　日影規制

周辺の住居における住環境を保護するために，中高層建築物により生じる日影の影響を規制するものです。第 1 種・第 2 種低層住居専用地域，田園住居地域，第 1 種・第 2 種中高層住居専用地域，第 1 種・第 2 種住居地域，準住居地域，近隣商業地域，準工業地域，用途地域の指定のない区域で指定されます。

高さ 10m を超える建築物（第 1・2 種低層住居専用地域、田園住居地域は軒高 7m 又は地上 3 階以上の建築物）が対象となり，冬至日を基準にして規制された時間以上の日影を生じさせないようにします。日影時間は平均地盤面から 4m 又は 6.5m（第 1・2 種低層住居専用地域，田園住居地域は 1.5m）の高さにある測定面において，敷地境界線から 5m〜10m の範囲と 10m 超の範囲のそれぞれの日影時間を測ります。

〔測定面と測定ライン〕

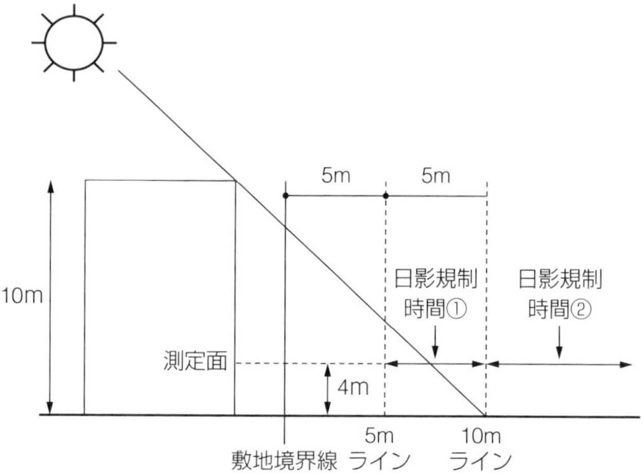

＜例＞
第一種住居地域
5mから10mの範囲：5時間
10m超える範囲：3時間

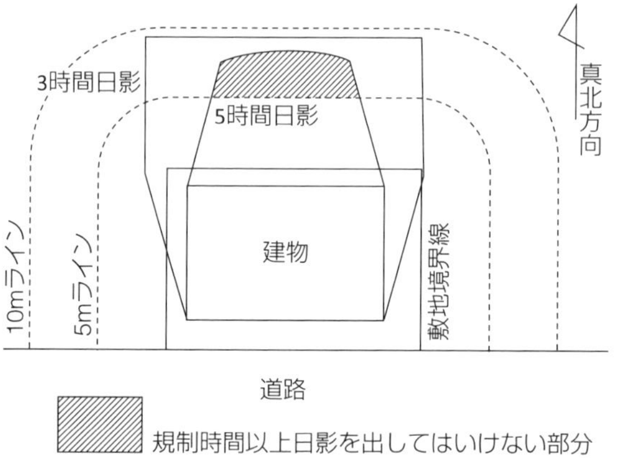

（出典：江戸川区）

5mライン（敷地境界線から5m）から10mライン（敷地境界線から10m）の範囲では5時間以上日影を出してはならず，10mラインを超える範囲では3時間以上日影を出してはならないことになります。例では5m～10mラインの範囲で5時間以上の日影が出ていることから規制の対象となります。

5　高度地区

高度地区は都市計画法に定められた地域地区の1つで，用途地域内において建築物の高さの最高限度又は最低限度を定める地区です。東京都では第1種高度地区から第3種高度地区までの3種類に分かれており，北側隣地境界又は北側道路の反対側の境界線から一定の傾斜勾配の範囲内となるよう制限され，北側斜線制限より厳しい規制となっています。また，東京都港区のように，3種類の斜線型制限に加えて17mから60mまでの8種類の絶対高さ制限があり，その組み合わせで13通りの指定によって建物の高さ制限をする自治体もあります。

6　ボリュームチェック

ボリュームチェックとは，土地にどの程度の建物が建てられるかをチェックすることをいいます。計画建物のボリュームは，高さに関する規制，前面道路の幅員，接道方向，敷地内の配棟，階高などの条件によって変わります。ボリュームチェックを行うことで，想定建物の建築費の見積金額や事業収支を算定することができます。簡単なボリュームチェックができるCADソフトもありますが，制限の規制や緩和について見落としをなくし正確なものを求めるのであれば，建築事務所でボリュームチェックを依頼することで正確さと安心が得られますし，おおむね費用は数万円～十数万円，期間も2週間前後で対応してもらえるので検討することをおすすめします。

7 接道義務

接道義務は，火災や病人が出た際に緊急車両が問題なく通行し，活動することができるようにするためにあります。また，災害時に住人が円滑に避難できる経路を確保するためでもあります。

建築物の敷地は，都市計画区域及び準都市計画区域内では道路に 2m 以上接しなければならないとされています。都市計画区域外では接道の義務はありません。土地に建物を建てることができるかどうかで土地の価値を大きく左右しますので，接道義務を満たす土地であるかどうかを調査することは重要なポイントとなります。建築不可となれば，その利用方法は資材置き場，駐車場などに限定され市場流動性が劣ることになります。

〔接道義務〕

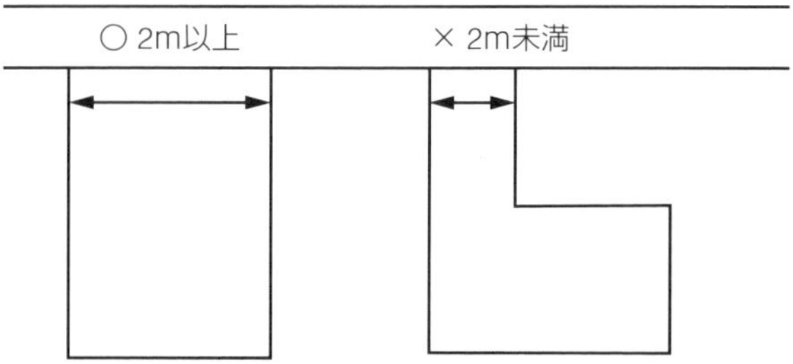

〔接道義務を満たしていない例〕

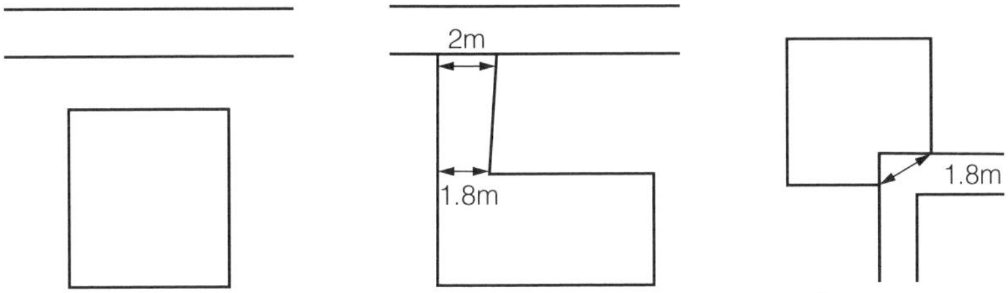

×道路に接していない　×2m未満の部分がある　×接道2m未満

1　建築基準法上の道路

接道義務を満たすための道路とは，建築基準法に規定する道路を指します。建築基準法の道路とは，原則として公道などの幅員 4m 以上の道路をいいます。ただし幅員 4m 未満でも建築基準法の道路とみなされる場合があり，いわゆる 2 項道路といわれています。

車や人の往来がある道であったとしても，建築基準法上の道路と認定されていない場合には，その道にしか接していない土地は建物の建築はできません。建築基準法の道路には，以下の種類があります。

〔建築基準法上の道路〕

種別	内容	例
42条1項1号	道路法による道路	国道，都道府県道，市町村道
42条1項2号	都市計画法，土地区画整理法等による道路	都市計画事業で造られるもの
42条1項3号	建築基準法施行時に既にあった道路	市町村等の認定外道路，私道
42条1項4号	道路法，都市計画法等で2年以内に事業が行われるものとして特定行政庁が指定したもの	計画道路
42条1項5号	特定行政庁が位置を指定した4m以上の私道	宅地造成の一環で造られたもの
42条2項	建築基準法施行の際，既に建築物が立ち並んでいた4m未満の道で，特定行政庁が指定したもの	4m未満の私道

（※）特定行政庁とは，建築基準法4条により建築主事を置く地方公共団体の長をいい，建築主事は建築確認の申請書の審査等を行う公的な役職をいいます。

2　法42条2項道路（2項道路）

建築基準法施行時に既に存在する幅員4m未満の道で特定行政庁が指定した道路をいいます。土地の前面道路が2項道路の指定を受けていれば，幅員4m未満の道路であっても，建物の建築が可能になります。2項道路は幅員4m未満と狭いため，人や車の往来に支障が生じ緊急車両の進入が困難になることから，建物の新築や建替えの際に敷地を後退することが求められ，これをセットバックと呼びます。

具体的には，道路の中心線から2mの範囲までセットバックし，当該後退部分は，建築可能な敷地面積に参入することはできず，門扉，塀などの構築物を設置することもできません。また，道路の向かいが水路，崖地，線路敷地等である場合にはこれらの土地は後退することができないため，水路等から道路の反対方向に 4m となるまで後退しなければなりません。中心線から後退することを中心後退ということに対して，こちらは一方後退といいます。

なお，2 項道路は幅員が 1.8m 以上あることが原則であり，1.8m 未満の場合には建築審査会の同意を得なければならないため，役所調査では同意が得られたものであるか慎重に確認したいところです。

〔セットバックの例〕

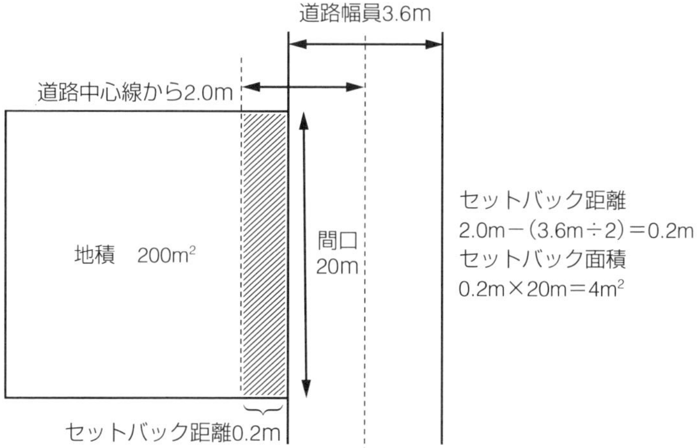

3　法 42 条 1 項 5 号道路（位置指定道路）

位置指定道路とは，土地を建築物の敷地として利用するために新たに造る道で，特定行政庁から指定を受けたものをいいます。規模が大きい土地の場合，敷地内に道路を築造することで接道条件を満たす複数の土地区画を設けることができるようになります。役所で道路位置指定図が保管されているので，現況と相違ないか閲覧して確認を行うとともに，写しの交付を受けるようにします。

〔位置指定道路のイメージ〕

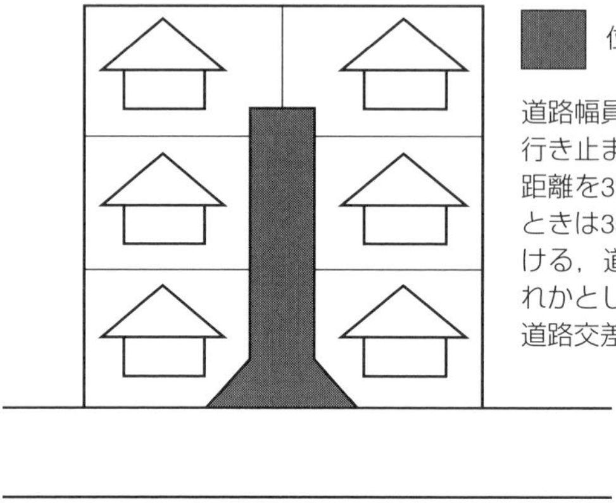

位置指定道路

道路幅員は4m以上とする。
行き止まり道路とする場合には，道路距離を35m以内とする，35mを超えるときは35mごとに自動車回転広場を設ける，道路幅員を6mとする，のいずれかとしなければならない。
道路交差部は2mの隅切りを設ける。

〔位置指定図の例〕

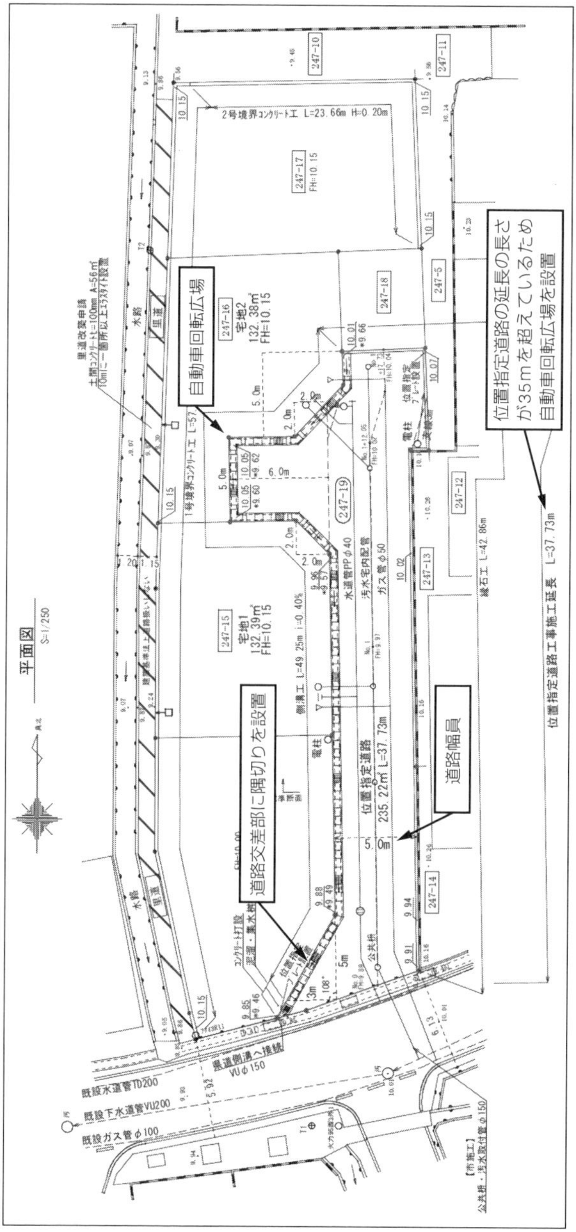

（出典：姫路市）

4　道路法上の道路

道路法上の道路とは，国等の官によって管理される一般交通の用に供する道で，高速自動車国道，一般国道，都道府県道，市町村道に区分され，建築基準法42条1項1号に規定する道路（高速自動車国道を除く）に該当します。建築基準法と道路法の道路は一部一致しますが，私道のように道路法では道路に該当しないが建築基準法では2項道路に該当するということがあります。

道路管理者は道路台帳平面図等を整備保管していますので，道路幅員，路線名，官民境界線の確定の有無などを閲覧によって調べることができます。登記簿上の所有者が市町村で，現地でも道の形態をとっていたとしても，道路法上の道路ではなく，管理通路や林道であるということがあります。

〔道路台帳図面〕

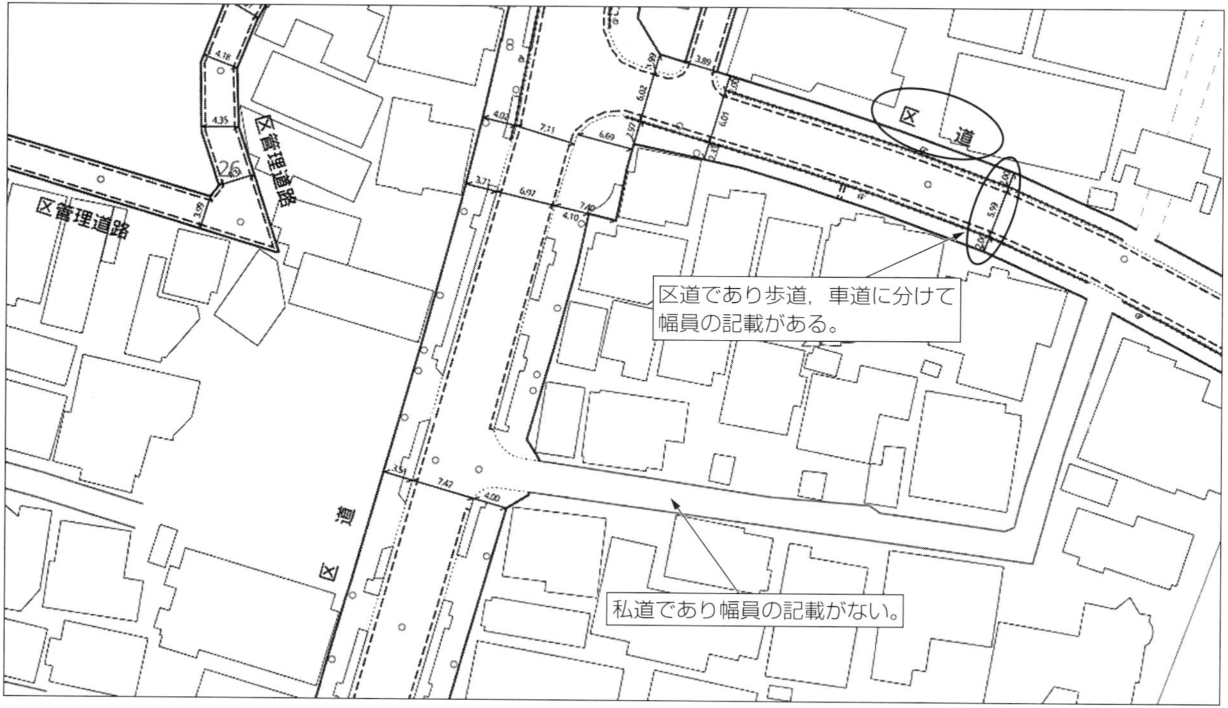

（出所　世田谷区道路現況平面図）

8 建築確認検査制度

1　建築確認検査制度の概要

建築主は，建築工事を実施するに当たって，確認申請書を提出して，建築主事又は指定確認検査機関の確認を受ける必要があります。確認申請は，建築基準法だけではなく建築に関係する各種法令に適合した建物であるかどうかの審査を受けます。審査に通ると確認済証が交付されて工事に着手することができます。また，申請した計画どおりに建物が建築されたかどうか，中間検査，完了検査がそれぞれ実施され，検査に合格すると中間検査合格証，検査済証が交付されます。

〔建築確認申請の一般的な流れ〕

2　確認済証と検査済証

建築主である建物の所有者であれば，役所又は指定検査機関から交付された確認済証や検査済証を保管していますので，該当書類にて確認・検査の状況を確認することができます。しかし，所有者が書類の紛失などで検査等を受けたかどうか把握していない場合もあります。実際，平成28年度の完了検査率（確認件数に対する検査済証交付件数）は約9割であるのに対して，平成10年度では約4割に止まり，検査済証の交付を受けていない建物も多く存在しています。

また，これらの書類は紛失しても再交付されませんが，役所では建築確認台帳が備え付けられており，確認済証や検査済証の交付年月日・番号を閲覧することができ，その記録を台帳記載事項証明書として交付を受けることができます。

検査済証がない又は検査済証の交付を受けたことが確認できない建物は，建築確認を受けその申請内容どおりに建築された適法な建物であることを証明できないため，金融機関からの融資に影響することがあり，検査済証がある不動産と比較して市場性が劣り，不動産の価値に影響を与えることになります。

〔台帳記載事項証明の例〕

台帳記載事項証明

敷地地名地番	○○区　○○-○-○
建築主の住所 及び氏名	○○区○○-○-○ ○○○○
工事種別	新築
構造	鉄筋コンクリート造
敷地面積	○○○.○○ m^2
建築面積	○○○.○○ m^2
延べ面積	○○○.○○ m^2
階数	地上3階　/　地下1階建て
建築物主要用途	店舗・共同住宅
確認済発行年月日 確認済証発行番号	平成○年○月○日　第○号
検査済発行年月日 検査済証発行番号	記載なし
備考	

上記のとおり建築確認申請台帳に記載があることを証明します。
令和○年○月○日

○○区長　○○○○

3　建築計画概要書

建築確認申請が通った建物の概要を記載した建築計画概要書が役所で保管されていることから，閲覧し写しの交付を受けます。建築計画概要書には，建築主・設計者・工事監理者・工事施工者の氏名，住所，敷地面積，床面積，構造，高さ，階数等の建築物の概要，及び案内図，配置図等が記されています。建築確認申請時の敷地の形状，建物の配置，接道状況を確認して，現況と相違がないか違反建築の可能性について照合することができます。

例えば，概要書では1階が駐車場となっているが店舗に用途を変えてしまっているなど，概要書から発見できることも多くあります。

なお，役所によっては建築年によって台帳や概要書の保管の有無にばらつきがあり，全ての建物について必ず閲覧，交付を受けられるとは限らないので注意が必要です。

〔建築計画概要書の例〕

建築計画概要書（第二面）

建築物及びその敷地に関する事項

【1. 地名地番】○○市○○丁目○番

【2. 住居表示】

【3. 都市計画区域及び準都市計画区域の内外の別等】

■都市計画区域内（■市街化区域　□市街化調整区域　□区域区分非設定）

□準都市計画区域内　□都市計画区域及び準都市計画区域外

【4. 防火地域】　□防火地域　■準防火地域　□指定なし

【5. その他の区域，地域，地区又は街区】絶対高さ 45m 高度地区

【6. 道路】

【イ. 幅員】18m

【ロ. 敷地と接している部分の長さ】28.000m

【7. 敷地面積】

【イ. 敷地面積】　(1)（　484.00m^2）（　）（　）（　）

(2)（　）（　）（　）（　）

【ロ. 用途地域等】　（近隣商業地域）（　）（　）（　）

【ハ. 建築基準法第 52 条第 1 項及び第 2 項の規定による建築物の容積率】

（　300.00 %）（　）（　）（　）

【ニ. 建築基準法第 53 条第 1 項の規定による建築物の建蔽率】

（　80.00 %）（　）（　）（　）

【ホ. 敷地面積の合計】　(1)　484.00m^2

(2)

【ヘ. 敷地に建築可能な延べ面積を敷地面積で除した数値】300.00 %

【ト. 敷地に建築可能な建築面積を敷地面積で除した数値】 90.00 %

【チ. 備考】角地緩和

【8. 主要用途】（区分　08030）共同住宅

【9. 工事種別】

■新築　□増築　□改築　□移転　□用途変更　□大規模の修繕

□大規模の模様替

【10. 建築面積】　（申請部分　）（申請以外の部分）（合計　）

【イ. 建築面積】　（　197.00m^2　）（　）（　197.00m^2　）

【ロ. 建蔽率】　40.70 %

【11. 延べ面積】　（申請部分　）（申請以外の部分）（合計　）

【イ. 建築物全体】　（　1,430.00m^2）（　）（　）

【ロ. 地階の住宅又は老人ホーム等の部分】

（　）（　）（　）

【ハ. エレベーターの昇降路の部分】

（　56.00m^2）（　）（　）

【ニ. 共同住宅又は老人ホーム等の共用の廊下等の部分】

(168.00m^2) ( ) ( )

【ホ. 自動車車庫等の部分】 (30.00m^2) ( ) ( )

【ヘ. 備蓄倉庫の部分】 ( ) ( ) ( )

【ト. 蓄電池の設置部分】 ( ) ( ) ( )

【チ. 自家発電設備の設置部分】

( ) ( ) ( )

【リ. 貯水槽の設置部分】 ( ) ( ) ( )

【ヌ. 宅配ボックスの設置部分】

( ) ( ) ( )

【ル. 住宅の部分】 (1,116.00m^2) ( ) ( )

【ヲ. 老人ホーム等の部分】

( ) ( ) ( )

【ワ. 延べ面積】 1,176.00m^2

【カ. 容積率】 242.98 %

【12. 建築物の数】

【イ. 申請に係る建築物の数】 1

【ロ. 同一敷地内の他の建築物の数】0

【13. 建築物の高さ等】 (申請に係る建築物) (他の建築物)

【イ. 最高の高さ】 (28.890m) ( )

【ロ. 階数】 地上 (9) ( )

地下 (0) ( )

【ハ. 構造】 鉄骨造 一部 造

【ニ. 建築基準法第 56 条第 7 項の規定による特例の適用の有無】 □有 ■無

【ホ. 適用があるときは, 特例の区分】

□道路高さ制限不適用 □隣地高さ制限不適用 □北側高さ制限不適用

【14. 許可・認定等】

【15. 工事着手予定年月日】 平成○年○月○日

【16. 工事完了予定年月日】 平成○年○月○日

【17. 特定工程工事終了予定年月日】 (特定工程)

(第 回) 平成○年○月○日 ( )

(第 回) 年 月 日 ( )

(第 回) 年 月 日 ( )

【18. その他必要な事項】

〔建築計画概要書の配置図の例〕

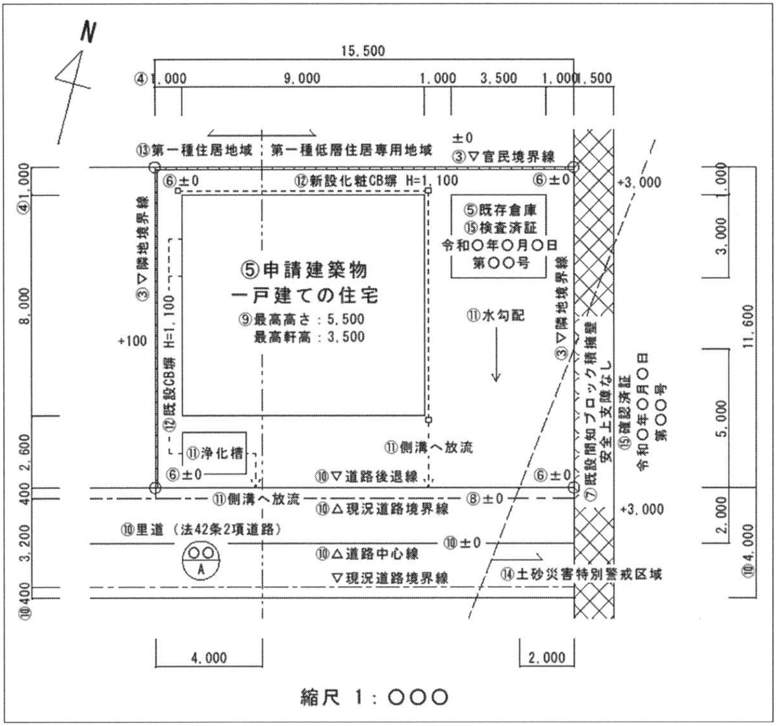

（出所：長崎県建築課ホームページ）

9 開発行為

市街化区域と市街化調整区域に区域区分を指定することで秩序ある街づくりが行われるよう，区域内での一定の開発行為については規制の対象として許可が必要となります。開発行為とは，主として建築物の建築又は特定工作物の建設の用に供する目的で行う土地の区画形質の変更をいい，道路の新設などによる区画変更（区画の変更），一定の高さを超える切土・盛土（形の変更），宅地以外を宅地にすること（質の変更）が該当します。

〔規制対象規模〕

区域	開発行為の規模
市街化区域	1,000m^2 以上（三大都市圏等は 500m^2 以上）
市街化調整区域	原則全て
非線引き都市計画区域	3,000m^2 以上
準都市計画区域	3,000m^2 以上
都市・準都市計画区域外	1ha 以上

開発許可は都市計画法及び条例で定める技術基準（予定建築物の用途，道路・公園の配置，給排水施設の設計，公共・公益施設の配分等に関する基準）に適合している必要があります。

さらに，市街化調整区域は市街化を抑制する区域であるため許可される開発行為は限定的で，立地基準に定める要件に該当すると認められなければ開発許可されません。

<立地基準の例>

イ　周辺居住者の利用の用に供する公益上必要な施設又は日用品店舗等日常生活に必要な施設の用に供する目的で行う開発行為（第1号）

ロ　農林水産物の処理，貯蔵，加工のための施設の用に供する目的で行う開発行為（第4号）

ハ　地区計画等の内容に適合する開発（第10号）

ニ　市街化区域に近隣接する一定の地域のうち，条例で指定する区域において，条例で定める周辺環境の保全上支障がある用途に該当しない建築物の建築等を目的とする開発行為（第11号）

ホ　開発区域の周辺における市街化を促進するおそれがないと認められ，かつ，市街化区域内において行うことが困難又は著しく不適当と認められる開発行為として，条例で区域，目的等を限り定めたもの（第12号）

ヘ　開発区域の周辺における市街化を促進するおそれがないと認められ，かつ，市街化区域内において行うことが困難又は著しく不適当と認められる開発行為で，あらかじめ開発審査会の議を経たもの（第14号）

（出典：国土交通省）

市街化調整区域の土地において建物が建てられるかどうかは，土地の価値を大きく左右するものであるため，役所に出向いて担当部署で該当地を示して事前に入念な聞き取り調査及び協議を行うことが必要です。

開発登録簿とは，開発許可をした土地についての許可の概要が分かる書類で，許可年月日，許可番号，許可を受けた者の氏名，開発区域面積，予定建築物の用途，工事施工者などの情報が記載されています。役所調査時には，閲覧及び写しの交付を受けるようにします。

10 埋蔵文化財包蔵地

文化財保護法において，貝塚，古墳その他埋蔵文化財を包蔵する土地として周知されている土地（周知の埋蔵文化財包蔵地）を土木工事の目的で発掘しようとする場合には，着手予定日の60日前までに届出が必要になり，埋蔵文化財の保護が必要な場合には計画の中止，変更等が命じられることがあります。

まず市町村の教育委員会等で対象地が埋蔵文化財包蔵地内であるかを調査します。埋蔵文化財包蔵地内の工事であれば，埋蔵文化財（遺跡）が存在するかどうかを調べる試掘調査をしてその範囲，遺跡の種類を把握した上で，必要に応じて発掘調査（本調査ともいわれます）が行われます。

試掘調査の費用は原則として自治体が負担しますが，営利目的で行われる工事に伴う発掘調査は事業者の負担となり，調査期間も調査規模と内容によって数日から数か月程度と長期になる可能性があります。当初は高層建築物で地中深くまで杭打ち工事を行う建築計画であったところ，発掘調査の負担を回避するため，低層建築物に計画変更せざるを得なくなったというケースもあります。

発掘調査の費用については内容によって異なり，個別性が強いのですが，小田原市では参考費用が掲載されています。

> 工事を行う場所や内容，遺跡の性格によって様々ですが，一般的に史跡小田原城跡の周辺で１平方メートルあたり約８万円，その他の遺跡で５万円～６万円前後掛かっています。

調査期間は，遺構の密度によって異なりますが，建築面積 100 平方メートル程度で，お城の周辺では 3～4 か月，そのほかの遺跡では 2～3ヶ月くらいかかっています。（小田原市ホームページ）

〔埋蔵文化財包蔵地に関するフローチャート〕

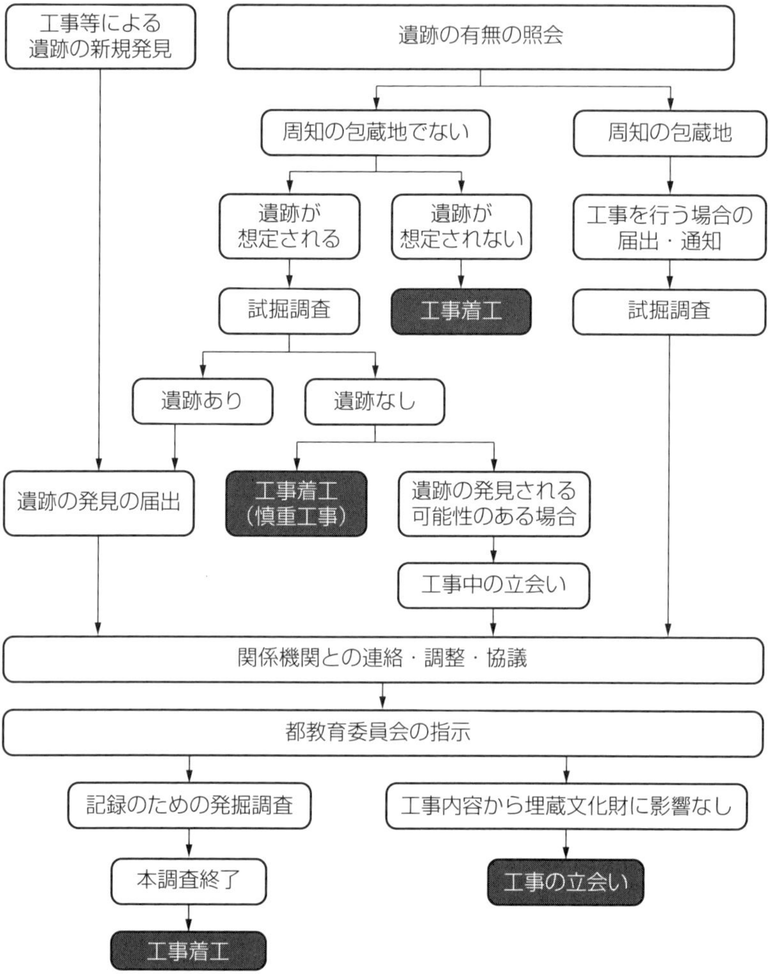

（千代田区ホームページより作成）

11 供給処理施設の調査

1　上水道

対象地で水道を直ちに利用できるかどうかは重要な事項となります。前面道路に埋設された水道管（本管）と敷地内の水道メーター等まで引き込んだ水道管（引込管）の位置と口径について水道局や役所に備え付けられている水道管管理図で確認します。行政が布設した公設管ではなく個人又は地域住民が布設した私設管の場合には，水道の引き込みに所有者の同意や負担金が生じ，トラブルになることがあるので注意が必要です。引込管がなければ所有者の負担で工事を行うことになります。水道管の口径によっては水道を引き込むことができないことがあるため，予定建築物が建てられるか事前に水道局等に確認する必要があります。

また，引込管が他人の敷地を通っている又は他人の管が自らの敷地を通っている場合にはトラブルに発展する可能性があります。建替え時に建築上の制限がかかることや不動産売却時に買主から敬遠されてしまうこともあるため，他人地を通ることになった経緯を確認するとともに，工事のやり直しの同意を取得するなどの対策が必要となります。

〔給水管に関する図面の例〕

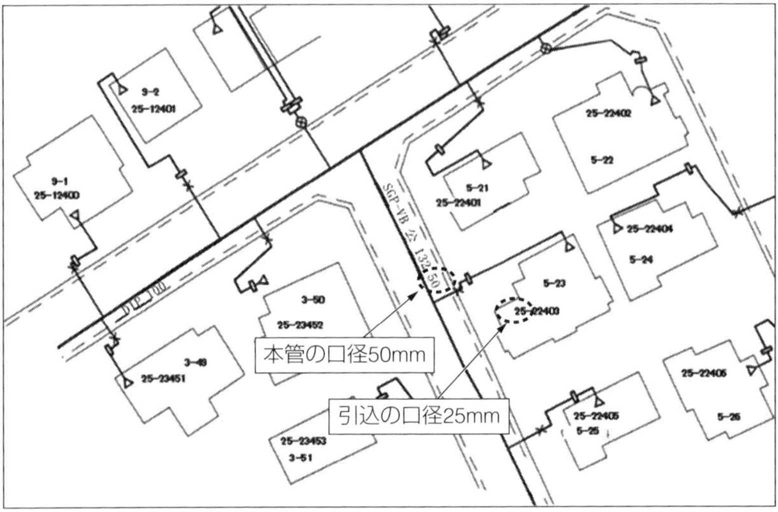

（横浜市ホームページより作成）

2　下水道

下水には汚水，雨水，雑排水があり，これらを集めて下水道に流します。雨水と汚水・雑排水を別々の管で流す方式を分流式下水道，1つの管で流す方式を合流式下水道といい，昭和45年の下水道法改正により分流式によって整備がされています。下水管の布設状況については下水道局の下水道台帳で確認することができますが，私道に布設の私設下水道や宅地内の布設状況は記載されていないため，別途所有者から確認する必要があります。

公共下水道が前面道路になく浄化槽で下水処理していることがあります。浄化槽は定期的な汲み取りや保守点検が必要になり，老朽化している場合には交換しなければならないこともありますので，下水道への切替えができるか，その際に補助金支給があるかなどをチェックが必要です。

3　ガス

ガスには都市ガスとプロパンガス（個別プロパン・集中プロパン）があります。都市ガスは道路に布設されているガス管から敷地内に引込管で引き込みます。道路のガス本管の布設状況についてはガス会社がインターネット等で図面を公開しています。

敷地内にガスボンベがあれば個別プロパンガスを使用しています。また，敷地内にボンベがない場合，周辺地域一帯の住戸又は工場が１か所に貯蔵してプロパンガスを供給する集中プロパンの場合があります。

12 役所調査の方法

不動産の法令上の規制を調べるには，役所で担当部署を回ってそれぞれの規制を調査することが必要になります。漏れなく調査を行うためには事前に調査事項をまとめて，準備しておくとよいでしょう。多くの自治体ではインターネットに情報が掲載されており，都市計画関連，道路関連，上下水道，埋蔵文化財関連等を調べることができるので活用することをおすすめします。しかし，全ての調査がインターネット上で完結することはなく，また自らの思い違いから誤った情報を得てしまうミスを防ぐためにも，役所の担当部署からヒアリングして調査することが必要です。その際には，住宅地図，法務局で取得した資料，インターネット上の役所公開の情報を持参するとスムーズに進められます。

役所の担当部署は1か所にまとまっているとは限らず，例えば市役所，県土木事務所，水道局，下水道局それぞれが別の場所にあり，距離が離れているということもあるため，調べるルートを確認しておくようにします。訪問当日が担当者の不在日である可能性もあり，特別な相談事項がある場合などは電話で訪問日時を伝えてアポイントを取っておくとよいです。

役所で備え付けられている資料は写しを取得するようにします。資料によっては写しの交付ができず，閲覧のみ可能であるとか，カメラでの撮影は許可されるなど対応が分かれますが，なるべく後日の確認のためカメラ撮影や手書きで記録として残しておくようにします。

13 現地調査の必要性と準備

不動産の調査は，おおむね役所調査，法務局調査，現地調査の3つで構成されます。法務局調査では登記簿による所有者と備付けの図面による形状，規模等の確認を行い，役所調査では公法上の規制，インフラの状況，行政手続の有無を調査し，さらに所有者から提供される資料の確認を行えば，机上での不動産の状況把握ができます。しかし，不動産は机上の調査のみならず，直接現地に赴くことなくして，調査が完了したということはできません。建物図面に記載された建物が増築されたものの登記がされていない，登記簿や建築計画概要書に記載された用途と異なる利用がされているといった事柄は現地でなければ発見できず，法令に関する適合性や価格といった重要な事項に影響を与えます。

なお，検索サイトが提供する画像情報で簡単に現地の状況を上空や道路沿いから確認できるようになっています。撮影時点から変更が生じている可能性があることには留意が必要ですが，対象不動産の重要度によっては初期段階の調査ではそのような画像情報で足りるかもしれません。

所有者や管理会社に現地案内の協力が得られる場合には，外観からの調査だけでなく敷地内，建物内部も見ることができ，その場で質疑応答も可能であるため，資料の読み込みや調査を行って事前知識を持った状態で臨みたいところです。

最低でも住宅地図，法務局資料（公図，地積測量図，建物図面等）は準備し，現地で図面との差異を確認しつつ，カメラで撮影，メジャーで道路幅員や敷地の間口・奥行などを計測します。

14 現地調査における確認ポイント

土地，建物について確認すべき主なポイントは以下のとおりとなります。

地中	地下埋設物，土壌汚染がないか確認。コンクリートガラ，油，不自然な盛土などが地表で確認された場合には過去の利用状況をヒアリング等で確認
地上	建築制限の対象となる高圧線の有無を確認
境界	確定実測図又は地積測量図に記載された境界杭を確認
間口・奥行	メジャー等で間口・奥行を計測，地積測量図，公図と照合
形状	敷地の外周を回り，地積測量図，公図と照合
道路の幅員	メジャー等で道路幅員を計測，道路台帳と照合。42条2項道路の場合，隣接地等がセットバックしているか確認し，参考として後退幅員を計測
高低差	敷地と道路又は隣地との高低差，敷地内での高低差・傾斜の有無を確認
道路	住宅地図・公図で確認できる道路以外に敷地が接する道路がないか確認。地図等に記載がない通路を現地で確認した場合，所有者・管理者は誰か，建築基準法の道路に該当するかを調査
里道・水路	農道，農業用水路等として利用されているか，里道・水路としての機能を有しているか確認
越境	クーラーの室外機・建物の庇・木の枝・塀など越境物・被越境物の有無を確認
増築	建物の配置，階数，床面積を建物図面及び各階平面図で確認。未登記の倉庫，物置等の存否を確認
維持管理	適切な維持管理（共用部の汚れ，設備の不具合がないか等）がなされているか確認
遵法性	用途変更，増築による建ぺい率・容積率超過，高さ制限，接道義務などが現在の法規制に適合しているか，不適合の場合は既存不適格建築物か，違反建築物かを確認
嫌悪施設	住宅地図で周辺に嫌悪施設が確認された場合，現地で悪臭，振動，騒音等の影響の程度を確認

〈周辺環境〉

対象不動産が存する地域の環境を実際に観察し，環境との適合状態を把握することで，不動産が最適な状態で利用できているか判断することができます。例えば，建築当初はオフィス需要が強く，オフィスビルとして利用することが最適であっても，年数が経過して周辺の土地利用がオフィスではなくマンションとなり，徐々に住宅地に移行するといったことがあります。そのような地域の変化を観察することで，対象不動産の建替え，改築や用途変更について判断材料とすることができます。

第3章

境界と権利

M&A 取引や不動産売買に際して，境界は必ず確定している必要があるものではありませんが，境界が確定している方が望ましい状態といえます。理由は，隣地との関係において境界が原因でトラブルとなることが多いためです。本章では境界の調査に必要な資料と確認する内容について説明します。

1　境界の意味

境界には2つの意味があり，公法上の境界と私法上の境界に分かれます。公法上の境界は，筆界と呼ばれ登記された一筆の土地と土地の境をいい，土地の所有者間で境界を定めることはできず，一筆の土地の境界自体は変動しない客観的なものです。一方で，私法上の境界は，所有権界と呼ばれ土地の所有権について隣地の所有権との境であり，所有者間で自由に取り決めることができます。通常は筆界と所有権界は一致しているものですが，時効取得や売買，贈与で分筆登記を行っていないなどの場合には一致していないことがあります。

〔筆界と所有権界〕

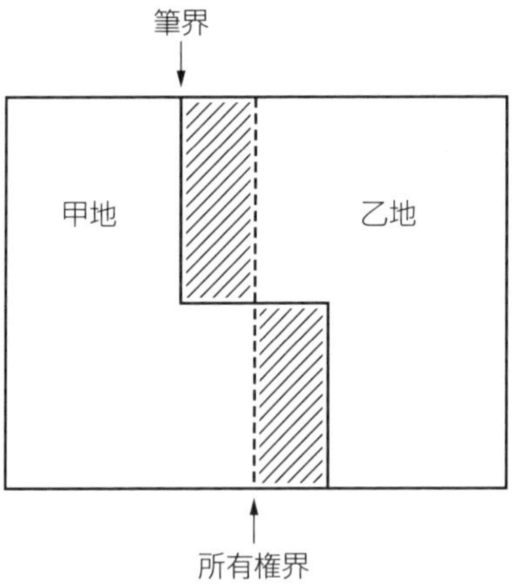

甲と乙がL字型の土地を所有していたが，土地の形が悪いということで斜線部分を交換。
筆界は ── 線のまま，所有権界は ---- 線になり，筆界と所有権界は一致しません。

2 境界確定が必要な場合

不動産売買では買主が隣地所有者と境界で揉めないようにするため，事前に売主で境界を確定させて引き渡します。取引日までに境界確定ができない場合には，取引の延期や中止となることもあります。M&A 取引では対象会社が保有する土地の全ての境界確定を求めると，費用と時間の負担が大きくなるため，資産価値が高いものや近々に譲渡を予定しているものに絞って行うことが有効です。

また，境界確定には売主と買主のほかに M&A 取引に関して利害関係がない隣地所有者が登場することになり，隣地所有者にとっては取引スケジュールどおりに立ち会いや署名押印に応じるインセンティブは乏しいといえます。海外に住んでいたり，共有者が多数存在するなど様々な事情を隣地所有者が抱えていることがあり，対象地と接する隣接地の数が多いほど予定どおりにはいかなくなるリスクが高まります。買主が境界確定を条件とするのであれば，なるべく早期に申入れを行い売主は速やかに着手すべきですし，M&A 前の前提条件とせず取引実行後の対応とすることも容認するよう柔軟な選択肢を持ちたいところです。

3 境界確認書の確認

境界確認書は，隣接する土地所有者同士が土地の境界について合意した内容を書面にしたものです。

過去に隣地所有者と境界の確認ができていれば境界確認書が取り交わされているはずですので，隣接する地番ごとに確認書が作成されているかを確認します。地番の付されていない道路や水路でも行政が立ち会い境界確定を行い，確認書が作成されます。

境界確認書には土地所有者が署名押印しますので，共有土地であれば共有者全員分が必要になります。所有者は登記簿等で確認し，相続等があった場合には全ての相続人を追っていくことになります。共有者や相続人からの委任を受けた代表者が署名捺印する場合には，委任状が必要になりその有無についても確認します。

〔境界確認書の例〕

<table><tr><td>

境界確認書

○○○○（以下「甲」という。）と○○○○（以下「乙」という。）とは，下記土地の境界について立会協議を行い，別紙図面の通りであることを確認した。

なお，将来甲または乙が所有権を第三者に譲渡する場合には，本確認書の内容を譲受人に継承させるものとする。

記

土地の表示
甲所有の土地　○○市○○丁目○番○の土地
乙所有の土地　○○市○○丁目○番○の土地

立会年月日　○年○月○日

○年○月○日

甲　○○市○○丁目○番○号
○○　○○　印

乙　○○市○○丁目○番○号
○○　○○　印

</td></tr></table>

〔境界確認書の別紙図面の例〕

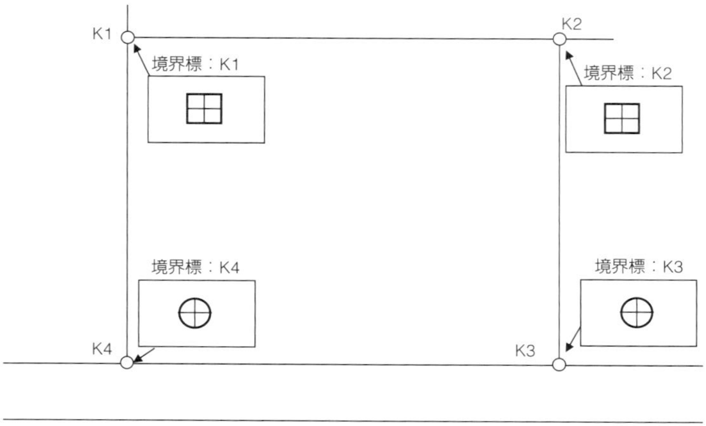

座　標　一　覧　表

点名	X座標	Y座標	備考
K1	−XXXXX.XXX	−XXXXX.XXX	コンクリート杭
K2	−XXXXX.XXX	−XXXXX.XXX	コンクリート杭
K3	−XXXXX.XXX	−XXXXX.XXX	鋲
K4	−XXXXX.XXX	−XXXXX.XXX	鋲

図面名称	土地境界図		
所在地番	○○市○○丁目○番○		
縮尺	1/100	作成年月日	○年○月○日
作成者	○○測量株式会社		

4 境界標の確認

現地調査では境界標（コンクリート杭，石杭，金属標，プラスチック杭，金属標など）が図面どおりに存在するか確認を行います。道路工事や電柱工事などで紛失，盛土などの造成によって埋没してしまい，境界標を確認できないことがあります。境界標を復元するには，トラブルを防ぐためにも一方の当事者が勝手に設置するのではなく，隣地所有者の承諾を得て行う必要があります。

〔境界標の設置例〕

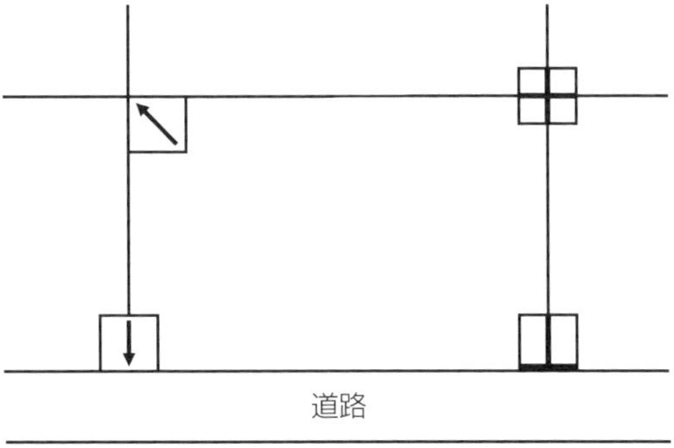

5 越境物の確認

隣地から対象地又は対象地から隣地に建物や構築物が越境していないか確認します。屋根の庇，塀，敷地上空の電線，地中の水道管などが該当しますが，越境物が存在すると，現状では問題とならない場合でも，建替えの際に障害となって建築工事や建築プランに影響を及ぼす可能性があります。越境物が発見された場合には隣地所有者に越境を解消してもらうか，将来撤去の確認書を取り交わすことになります。越境確認書では，越境物の位置を図面等で明示し，越境している側が将来建替え等の際に自己負担で解消することなどの合意事項を規定します。

塀については，境界線の中央，内側，外側のいずれに設置されているかによって判断が変わります。境界線の内側であれば自己が設置，外側であれば隣地所有者が設置，中央であれば共同で設置したものと推定されますが，実際には設置者が境界をまたいで越境していることもあり，隣地所有者に確認するなど慎重に判断する必要があります。

〔越境確認書の例〕

越境確認書

○○○○（以下「甲」という。）と○○○○（以下「乙」という。）とは，○年○月○日付け境界立会いに際し，別紙図面に記載する甲所有地上の構造物の一部が乙所有地に越境していることを確認し，以下の内容について合意した。

なお，将来甲又は乙が所有権を第三者に譲渡する場合には，本確認書の内容を譲受人に継承させるものとする。

第１条（越境の確認）

甲及び乙は別紙図面表示の構築物の一部が乙所有地に越境していることを確認した。

第２条（構築物の処理）

本確認書締結後，甲が越境物の現状変更又は改修等を行う場合は，甲の責任と負担において越境物を撤去するものとする。

甲所有の土地　○○市○○丁目○番○の土地
乙所有の土地　○○市○○丁目○番○の土地

○年○月○日

甲　○○市○○丁目○番○号
　　○○　○○　印

乙　○○市○○丁目○番○号
　　○○　○○　印

第4章

エンジニアリングレポートと環境調査

時価総額の大きい不動産では，不動産 DD においてエンジニアリングレポートを取得することは当然のこととなっています。一級建築士等の建築の専門家によるレポートによって，不動産の正確なリスクを事前に把握することができます。本章ではエンジニアリングレポートと環境調査についてレポートの構成と内容について説明します。

1 エンジニアリングレポート（ER）

1 エンジニアリングレポートの意義

不動産取引においてかつてエンジニアリングレポート（ER）は存在せず，買主は宅建業者による重要事項説明を受け，引渡し後に瑕疵が発見されれば賠償請求すればよいというような，買主が積極的に事前に調査してリスクを把握するというものではありませんでした。しかし，不動産流動化，証券化が活用されはじめると，資金調達の場面ではノンリコースローンという返済原資を不動産のみに求める手法で調達し，投資家も複数の機関投資家や個人投資家が参加することになり，不動産のリスクを予め把握し適正価格を利害関係者に開示するよう透明性が求められるようになりました。また，M&A 取引においても不動産 DD としてリスク把握する方法として ER を活用する場面が増えてきました。買収後，不動産に遵法性違反や土壌汚染などが発覚した場合に，株主や金融機関等に対してコンプライアンスの観点と調査の経緯について説明が求められ，これに応える必要が生じることから，ER は客観的な説明資料として有効に機能するようになりました。

2 エンジニアリングレポートの構成

ER は建物状況調査，建物環境リスク評価，土壌汚染リスク評価，地震リスク評価の項目で構成されています。

〔ER の構成〕

建物状況調査	立地概要
	建築・設備概要
	更新・改修履歴及び更新・改修計画
	遵法性
	緊急・短期修繕更新費用
	中・長期修繕更新費用
	再調達価格
建物環境リスク評価（フェーズ 1）	アスベスト
	PCB
	その他項目
土壌汚染リスク評価（フェーズ 1）	土壌汚染の可能性（地歴調査等）
地震リスク評価（フェーズ 1）	地震による予想最大損失額（PML 値）

2 遵法性調査

遵法性調査は，建築基準法，消防法，都市計画法等の建築基準法関連法規に適合しているかを，法的手続と現地調査を通じて調査し，法違反・不適合の可能性を指摘するもので，建物状況調査項目の中では最重要項目です。

法違反・不適合の可能性が指摘された建物は，その程度が大きいほど需要者である買主や資金の出し手である金融機関の評価が厳しくなり，価値の減価として反映されることになります。不動産ファンドや上場企業など法令遵守に厳格な買主の場合には取得を断念することもあります。

特に，火災時の避難経路が確保されていない，防火戸が閉まらない状態であるなど，人命に危機が及ぶ違反については厳しく評価されることになります。

ERの指摘事項は，是正工事に要する費用分の減額を相手方に要求することが考えられます。指摘された事項であっても，確認申請当時に行政との協議で適合と判断されていた可能性もあるため，当時の設計事務所へのヒアリングや行政への確認を行うことがあります。

〈遵法性に関する指摘の例〉

○　建築確認申請時の図面では記載がなかった住戸が屋上に建築されており，検査済証の交付がない。

○　1階の駐車場部分を用途変更の届出なく倉庫として利用しており容積率がオーバーしている。

○　条例に定めるマンション住戸数に対して附置すべき駐車場台数が確保されていない。
○　避難階段に避難の障害となるような荷物等が置かれている。
○　内装制限のある飲食店で内装材料が防火材料を使用していない。

なお，建築時には建築基準法関係法令に適合しており，法改正によって適合しなくなった部分のある建築物を既存不適格建築物といいます。新たな法律や条例等が施行，改正された場合でも，既に存する建築物に対して適合しない部分が生じても，その部分について適合するように是正する必要はありません。ただし，建替え，増築，大規模修繕等を行う場合には，現行法に適合することが求められるので，現存建物と同等の規模や用途の建築ができず利用が制限される可能性があります。

3 修繕更新費用

ERでは，建物を維持するために必要な修繕費・更新費を算出します。緊急修繕更新費用（人命等に影響する緊急的な費用），短期修繕更新費用（1年以内に修繕等を要する費用），長期修繕更新費用（長期にわたり維持するために要する費用）に分けられています。

経年劣化した部位や設備機器の性能を実用上支障ない状態まで回復させることを修繕，機器を交換して竣工時のレベルに戻すことを更新といいます。このほか，経年によって建物に対する社会の要求レベルが上がり最新仕様にグレードアップすることを改修といい，ERでは改修費は含まれていません。

長期修繕費用はER作成会社がデータに基づき算出するもので，実際に施工会社から見積りを取得しているものではありません。この長期修繕費用は，収益不動産の取得に当たって収支計画の予算金額の算定や不動産鑑定評価における収益価格の算定に当たりCAPEX（資本的支出）の積立金の算定の参考とされています。

〔長期修繕計画の例〕

	項目	1年目	2年目	3年目	4年目	5年目	6年目	7年目	8年目	9年目	10年目	11年目	12年目	合計
建築	外装	0	0	0	0	107	0	212	0	418	107	0	1,138	1,982
	内装	0	33	0	0	50	0	813	0	0	50	0	33	979
	外構	0	0	0	0	0	0	413	0	0	0	0	0	413
	建築小計	0	33	0	0	157	0	1,438	0	418	157	0	1,171	3,374
	建築累計	0	33	33	33	190	190	1,628	1,628	2,046	2,203	2,203	3,374	
設備	電気設備	0	0	108	0	236	0	304	0	108	236	0	413	1,405
	衛生設備	0	293	384	0	0	0	506	0	0	0	0	3,034	4,217
	空調設備	0	0	0	0	764	0	543	0	0	0	0	957	2,264
	搬送機設備	0	0	0	0	0	0	0	0	0	0	0	0	0
	その他設備	0	0	0	0	0	0	0	0	0	0	0	0	0
	設備小計	0	293	492	0	1,000	0	1,353	0	108	236	0	4,404	7,886
	設備累計	0	293	785	785	1,785	1,785	3,138	3,138	3,246	3,482	3,482	7,886	
年度合計		0	326	492	0	1,157	0	2,791	0	526	393	0	5,575	11,260
累積計		0	326	818	818	1,975	1,975	4,766	4,766	5,292	5,685	5,685	11,260	

4 アスベスト

アスベストは石綿のことで，熱に強く耐久性に優れるということで，建築資材として断熱材や吸音材に使用されていました。しかし，飛散した繊維を吸い込むと悪性中皮腫の原因となって肺がんを引き起こす可能性があると知られるようになり，昭和 50 年に建築工事においてアスベストの吹付け作業は原則禁止となりました。その後，吹付け以外の資材についても順次製造，使用が禁止となりました。

現在でもアスベストを使用した建築物は存在しており，その存在自体が直ちに問題となるのではなく，飛散して吸引してしまうことが問題となります。飛散するおそれのあるアスベストが発見された場合には，除去，封じ込め，囲い込みのいずれかの工法によって対策工事を行い，大気汚染防止法，廃棄物処理法等の規制に基づき解体や廃棄を行うことが求められます。

〔アスベストの例〕

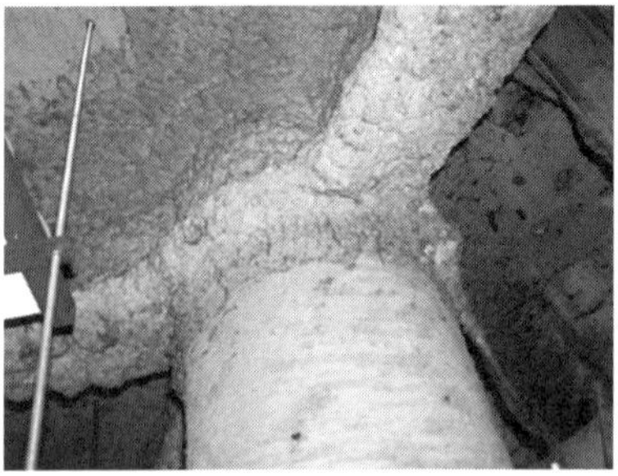

鉄骨耐火被覆材（吹付け石綿）

天井断熱材
（石綿含有吹付けロックウール）

（出所：国土交通省　目で見るアスベスト建材（第 2 版））

5 PCB

PCB（ポリ塩化ビフェニル）は，人工的に作られた油状の化学物質で，建築設備で使用される電気機器では変圧器，コンデンサー，安定器などで使用されていましたが，人体に蓄積され深刻な健康被害を及ぼす毒性が明らかになり，現在は製造・輸入ともに禁止されています。

使用中のPCB含有機器は電気事業法等に，PCB廃棄物はPCB特別措置法にそれぞれ基づいて適切に管理，処分することが求められています。

PCB特別措置法ではPCB廃棄物の譲渡が禁止されています。古いビルや工場でPCBを廃棄し保管している土地・建物を売買する場合には，処分の時期と負担について合意することが必要です。

6 土壌汚染

1　ERの土壌汚染リスク評価

ERの土壌汚染リスク評価のフェーズ1評価は，資料，ヒアリング，現地目視による土地の利用履歴調査になっています。土壌汚染に関するリスクが高い，否定できない，低い，極めて低いなどの評価がなされ，さらに調査が必要と判断されればフェーズ2へと進み，土壌を採取・分析し土壌汚染の有無，程度，範囲を調べていきます。

〔土壌汚染リスク評価のフロー〕

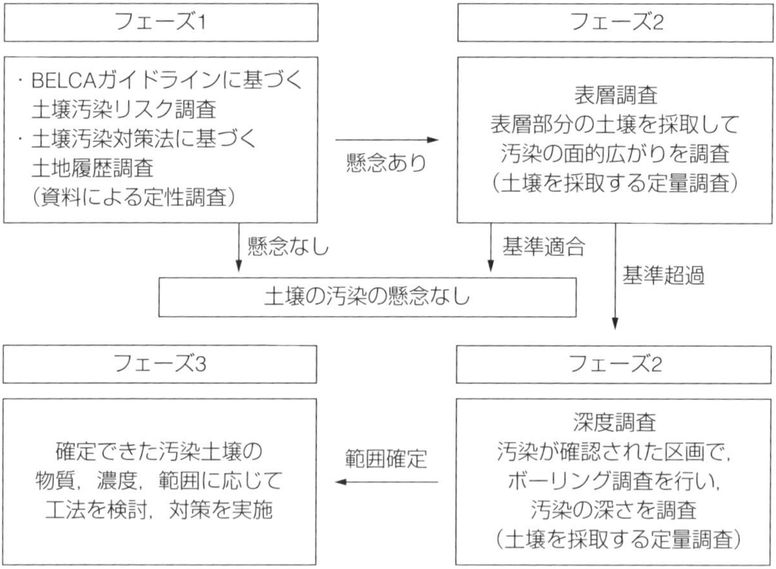

2　土壌汚染調査

売主側では，費用がかかることもあり，必ず土壌汚染リスク評価レポートが取得されるわけではありません。しかし，売主又はアドバイザーにて事前に下記の調査を行うことで，買主へ整理された情報の提供が可能となり，無用な懸念が生じることを回避できます。

(1)　役所調査

各種法令に定める区域，施設に指定されていないか調査します。指定されている場合には事業所名，所在地，指定された要件，現存・廃止の有無，届出有害物質名を確認します。

土壌汚染対策法に基づく区域指定	土壌汚染対策法に基づく調査の結果，指定基準に適合しない汚染された土地について指定。要措置区域，形質変更時要届出区域があります。
廃棄物の処理及び清掃に関する法律に定める指定区域	最終処分場等の廃棄物が地下に埋め立てられている土地で，形質変更の際に届け出が必要。
水質汚濁法に基づく特定施設	一定の要件を満たす汚水又は廃液を排出する施設は特定施設として，事前届出が義務付けられています。
下水道法に基づく特定施設	水質汚濁防止法に定める特定施設，又はダイオキシン類対策特別措置法に定める水質基準対象施設をいいます。
各自治体の条例に基づく工場，指定作業場	土壌汚染対策法の対象とならない土地であっても条例で土壌調査の義務が課せられる土地があります。

(2)　地図・写真による調査

住宅地図による調査では現存建物が土壌汚染の疑いがない利用であっても，その建物の新築時から数年前の利用状況やそれ以前に存在した建物の有無を確認するようにします。古い年代の住宅地図の閲覧は，図書館や民間の地図提供サービスを利用します。対象地及びその周辺地における事業の業種や建物の配置，履歴を把握することで土壌汚染の可能性が高い利用であったかを判別する手掛かりとなります。

航空写真は図書館での閲覧や民間の地図会社で購入することができるほか，GoogleEarth や国土地理院がインターネット上で公開している写真情報を活用することも有効です。住宅地図のように建物の名称などの記載はないものの，当時における建物の存否と規模等を把握することができます。

（3） 閉鎖登記簿による調査

滅失登記された建物は閉鎖登記簿を取得することで，かつて存在した建物の規模，種類，所有者等を確認することができ，汚染の原因となる利用があったか推測する手掛かりとなります。

3 土壌汚染と評価

土壌汚染が判明した土地は，買主の立場として健康被害や売却困難性を考慮すると取得を敬遠しがちとなります。地価の高い都心部であれば対策工事費を実施しても土地価格はプラスになるかもしれませんが，地方の場合には地価が低く対策工事費が土地価格を上回ってしまうこともあり，売却を断念するという判断にもなり得ます。

対策工事は，汚染土を除去して汚染のない土に入れ替える掘削除去工事にすれば費用が高額となり，除去は行わず周囲への拡散を防ぐ原位置封じ込め工法であれば汚染土は残存するものの，費用を抑えることができます。工法の選択は事業計画，対策工事費などを考慮して実際に利用する買主が判断することになります。

土壌汚染地の評価では，土壌汚染がない状態の価値から土壌汚染による減価を控除して土壌汚染を考慮した価格を求めます。減価には単に対策工事費用だけではなく土壌汚染地である又はあったことによる心理的嫌悪感や利用制限されることによる損失を経済価値に置き換えて減価とすることがあります。

〔土壌汚染地の評価〕

土壌汚染がない状態の価値 － 土壌汚染による減価（※） ＝ 土壌汚染を考慮した価格

（※）土壌汚染対策費用のほか，心理的嫌悪感等（スティグマ），利用制限による損失を考慮する場合があります。

〈土壌汚染が発見されたM&Aの事例〉

繊維会社で，既に廃業した工場を所有しており，染色薬剤は使用せず，各種法令に定める区域，施設に該当していなかったことから，フェーズ１では土壌汚染の懸念なしとの前提で交渉を進めていたM&A取引がありました。しかし，買主から工場であるから念のためフェーズ２調査を実施したいとの要望があり，結果としてわずかに指定基準値を超える砒素が検出されたとの報告がなされました。原因は工場ではなく土地造成時に持ち込まれた土壌と推定されるとのことでした。この取引では，売却価格から対策工事相当額を差し引くこととし，取引後は買主から売主に対して追加費用の請求は行わないとすることで決着しましたが，売主としては想定外の減額となりました。

7 PML

地震リスク評価ではPMLが示されます。PMLとは「Probable Maximum Loss」の略で予測最大損失率といい，475年に1度起こると予想される大地震が発生した場合に被る損害額の建物の再調達価格に対する割合となります。新耐震基準の建物の方が，旧耐震基準の建物と比較してPML値は小さく算出される傾向にあります。耐震性能評価や構造計算評価とは別の指標となります。

J-REITの不動産投資法人を例にすると，PML値が20％を超える物件は取得・保有しない又は耐震補強工事の実施を条件とする，15％を超える物件は地震保険を付保するといった目安を設けています。

〔PML値と予想被害〕

PML値	危険度	被害の程度
0％～10％	非常に低い	軽微
10％～20％	低い	局部的被害
20％～30％	中	中破
30％～60％	高い	大破
60％～	非常に高い	倒壊

（出所：東電設計株式会社ホームページ）

8 新耐震基準と旧耐震基準

大きな地震が起こるたびに建物の耐震性への対応が求められ，建築基準法が改正されています。特に 1978 年の宮城県沖地震を契機として 1981 年に耐震に関する規定が大きく改正されました。

新耐震基準は 1981 年 6 月以降に確認申請を受けた建物が該当し，これより以前のものを旧耐震基準が適用された建物として区別します。旧耐震基準の建物は，金融機関の融資が受けづらい，テナントの選考対象から外されるといった不利な点があり，不動産評価でも賃料設定，稼働率，利回りの各種設定において新耐震基準と比較して旧耐震基準は厳しく評価される傾向にあります。

旧耐震基準の建物は築後 40 年以上経過しており，建替えも選択肢となるところ，現状を維持して長期利用を選択するのであれば，耐震補強工事を実施することによるコストと建替えによる収益改善とのバランスを見極めて決断する必要があります。

9 構造計算書

2005年に構造計算書の内容を偽造，耐震強度を偽装した事件が公表され社会問題となりました。2007年には改正建築基準法が施行され，より正確に構造計算を審査するため一定規模以上の建築物について指定機関による構造計算審査（ピアチェック）が義務付けられ，このチェックを受けた適合判定通知書がなければ建物の建築ができないことになりました。

これを受けて特にJ-REITなどプロの投資家を中心に物件の取得時には構造計算書の改ざんの疑いがないか専門の第三者機関に依頼してチェックが行われるようになりました。

第5章

不動産と権利関係

デューデリジェンスにおいて不動産の物理的な側面はエンジニアリングレポートが担い，権利関係の側面は法務デューデリジェンス（法務 DD）においてリーガルレポートが担います。法務 DD を専門家に依頼しない場合であっても，不動産に付着する権利を把握し，所有権以外の権利が不動産の利用を制限していないか把握する必要があります。本章では主に借地権と借家権について説明します。

1 民法に規定する物権と登記できる権利

民法に規定する不動産に関する物権は10種類あり，その中で不動産登記法で登記することができる権利は7種類あります。不動産に関する物権は，登記することによって第三者に対抗することができます。賃借権，配偶者居住権は債権であるものの，登記することで第三者に対抗することができます。

〔権利の種類と内容〕

権利の種類	内容	民法上の物権	登記できる権利
占有権	自己のためにする意思をもって物を所持することによって取得する，物を支配する権利	○	—
所有権	法令の制限内において，自由にその所有物の使用，収益及び処分をすることができる権利	○	○
地上権	工作物，竹木を所有するため等，他人の土地を使用する権利	○	○
永小作権	小作料を支払って他人の土地において耕作又は牧畜をする権利	○	○
地役権	設定行為で定めた目的に従い，他人の土地を自己の土地の便益に供する権利	○	○
入会権	地域住民が慣習的に森林等を利用する権利	○	—
留置権	他人の物の占有者が，その物に関して生じた債権の弁済を受けるまで，その物を留置することができる権利	○	—

先取特権	債務者の財産について，他の債権者に先立って自己の債権の弁済を受けることができる権利	○	○
質権	債権の担保として債務者又は第三者から受け取った物を占有し，その物について他の債権者に先立って自己の債権の弁済を受けることができる権利	○	○
抵当権	債務者又は第三者が占有を移転しないで債務の担保に供した不動産について，他の債権者に先立って自己の債権の弁済を受けることができる権利	○	○
賃借権	契約によって賃借人がある物の使用・収益することができる権利	(※ 1)	○
配偶者居住権	被相続人の配偶者は，被相続人の財産に属した建物に相続開始の時に居住していた場合に無償で使用及び収益をすることができる権利	(※ 1)	○
採石権	他人の土地において岩石及び砂利を採取する権利	(※ 2)	○

(※ 1) 賃借権，配偶者居住権は民法上の債権に該当します。
(※ 2) 採石権は採石法に基づき物権とみなされます。

2 所有権と共有

所有権があれば所有する不動産を自由に使用，処分等を行うことができますが，これに賃借権などの他の権利が付着することでその利用等に制限が課されることになります。他の権利だけではなく，所有権が共有になっている場合にも注意が必要です。共有者はその不動産の修繕などの保存行為は単独でできますが，第三者への賃貸などの管理行為は持分の過半数の同意，売却などの変更行為は全員の同意が必要になり，所有権といえども共有者との意見の相違から制限を受けることがあります。

共有不動産があれば，共有者間での使用に関する取り決めがあるのか，それは書面で合意されているのか，共有者間の関係は良好であるのかなど確認する必要があります。

3 借地権

借地権とは，借地借家法に基づく建物の所有を目的とする賃借権，地上権をいいます。現在の借地借家法は平成 4 年 8 月 1 日に施行された法律で，それ以前は大正 10 年に制定された借地法が適用されていました。借地借家法では，普通借地権のほか定期借地権として一般定期借地権，建物譲渡特約付借地権，事業用定期借地権の 3 タイプが創設されました。

旧法の借地権は新法施行の影響を受けないため，旧法と新法の借地権が混在し，現在でも旧法借地権は多く残っています。

〔借地権の分類〕

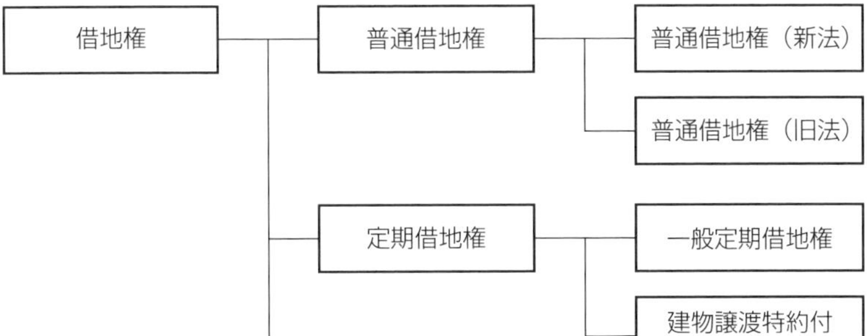

〔借地借家法における借地権一覧〕

	普通借地権	一般定期借地権	建物譲渡特約付借地権	事業用定期借地権
借地期間	30年以上	50年以上	30年以上	10年以上50年未満
利用目的	建物所有	建物所有	建物所有	事業用建物（居住用を除く）の所有
更新	初回更新時20年，その後10年	更新なし	更新なし（建物の譲渡により消滅）	更新なし
契約の終了	正当事由が必要。更新しない場合，建物の買取請求ができる。	期間満了により終了。建物買取請求しない。建物を取り壊しの上，更地返還	建物譲渡により終了。借地人又は借家人は建物を賃借して利用できる。	期間満了により終了。建物買取請求しない。建物を取壊しの上，更地返還。
契約形式	制約なし	公正証書等の書面	制約なし	公正証書

1　普通借地権

普通借地権は，借地人に非常に強い権利が認められており，賃貸人が契約期間満了時に更新を拒絶するためには正当事由が必要とされていますが，これが容易に認められるものではないことから，一度土地を貸したら二度と戻ってこないといわれる要因となっています。

借地が返還されなくても，土地の経済価値に見合う適正な地代が支払われていれば納得できるのですが，土地価格の上昇に対して地代の上昇には遅行性があり，現行地代が相場水準より低く据え置かれているというケースは多く存在します。また，相続が発生して賃貸人と賃借人の円滑なコミュニケーションが取れなくなり，契約更新，建替え，譲渡などでトラブルとなることもあります。当事者間での交渉が難しくなり，調停や裁判で争われている，又は争われていた過去がある場合には，同様の訴えが生じることを危惧して処分に当たって買主が限定，売買価格が減価される可能性があります。

〔旧借地法と借地借家法における普通借地権の比較〕

旧借地法	借地借家法
当初の契約期間	
期限の定めがない場合 堅固建物の所有目的　60 年 非堅固建物の所有目的　30 年	期限の定めがない場合 30 年
期限の定めがある場合 堅固建物の所有目的　30 年以上 非堅固建物の所有目的　20 年以上	期限の定めがある場合 30 年以上
更新後の契約期間	
期限の定めがある場合（ない場合） 堅固建物の所有目的　30 年以上（30 年） 非堅固建物の所有目的　20 年以上（20 年）	初回更新　20 年 2 回以降　10 年

借地契約の更新や条件の変更に伴って一時金が支払われることがあります。契約更新時期が近い，増改築が計画されているのであれば，一時金を織り込んだ収支計画，価格設定をすることが必要です。

〔一時金の例〕

項目	内容
更新料	契約更新時に支払われる一時金
条件変更承諾料	非堅固建物を堅固建物へ，住宅用途を店舗用途へなど借地契約における条件を変更する際の承諾料
増改築承諾料	増築又は改築を行うことに対する承諾料
建替承諾料	現存する建物を取り壊して新しく建物を建築することに対する承諾料
譲渡承諾料	借地人が所有する建物の譲渡に伴い，その敷地である借地権を譲渡することに対する承諾料

M&Aにおいて保有資産に借地権又は借地権が付着している土地（底地）が含まれている場合には，借地権の種類とともに契約の経緯や現在の状況についてヒアリングして把握する必要があります。口頭による契約で書面による契約書が存在していない場合もありますが，早急に相手方に書面化を要請して思わぬトラブルとなることがありますので，弁護士等の助言を受けて慎重に対応することが求められます。

土地賃貸借契約書には賃貸人，賃借人，賃貸借の目的，対象土地の表示，地代の額，契約期間，借地権譲渡・増改築等の事前承諾などが規定されます。合意事項に則った利用状況にあるか，増築されていたり，地代の額に相違がある場合には別途覚書が取り交わされている可能性があるので確認するようにします。

また，賃借人が法人で，賃貸人が法人の代表者や関連会社のケースでは，将来借地人が土地を無償で返還するという条項が規定されていることがあります。土地賃貸借契約の締結後遅滞なく土地の無償返還に関する届出を税務署に提出することで，権利金の認定課税が行われないこととなります。契約内容と届出については顧問税理士の指導を受けている場合がありますので，詳細を確認します。

〔土地賃貸借契約書サンプル〕

土地賃貸借契約書

賃貸人　○○○○（以下，「甲」という。）と，賃借人　○○○○（以下，「乙」という。）とは，本日，次のとおり土地賃貸借契約（以下，「本契約」という。）を締結した。

第1条　甲は，甲が所有する別紙物件目録記載の土地（以下，「本件土地」という。）を，乙に賃貸し，乙はこれを賃借し，賃料を支払うことを約した。

第2条　本契約は，乙が本件土地上に別紙物件目録記載の建物（以下，「本件建物」という。）を所有することを目的とする。

第3条　本契約の存続期間は，○年○月○日から○年○月○日までの30年間とする。

第4条　賃料は，月額金○円とし，乙は一月分を毎月○月○日限り甲が指定する口座に送金して支払う。なお，手数料は乙の負担とする。

第5条　前条の賃料が，土地価格の変動，公租公課の増減，その他の事由により近隣土地の賃料に比して不相当となった場合，甲又は乙は，その増減を相手方に請求することができる。

第6条　乙は，甲の書面による承諾を得ずに，次の各号の行為をしてはならない。
1　本契約に基づく賃借権の譲渡，転貸，または賃借権を担保に供すること
2　建物の新築または，本件建物の増改築もしくは大規模修繕

第7条　甲は，乙が次の各号の一に該当する行為をしたとき，何らの通知，催告を要せず，直ちに本契約を解除できる。
1　賃料の支払いを怠り，その額が3か月分に達する
2　前条に違反した
3　破産，民事再生，会社更生の申立てをし，もしくはこの申立てを受けた

第8条　契約解除，本件建物の朽廃，その他の原因によって本契約が終了したとき，乙は直ちに本件土地を甲に明け渡す。

第9条　本契約に関する印紙税額は，甲及び乙がそれぞれ折半して負担する。

第 10 条　本契約に定めのない事項については，その都度甲・乙双方が誠実に協議してこれを定める。

第 11 条　この契約は，その有効性，解釈につき，日本法に準拠し，日本法に従って解釈される。

第 12 条　甲及び乙は，本件について紛争が生じたとき，○○地方裁判所を第 1 審の専属的合意管轄裁判所とすることに合意する。

以上のとおり契約したので，その証として本書 2 通を作成し，甲乙各記名押印の上，各自その 1 通を所持する。

○年○月○日

甲　○○市○○町○番地の○
　　○○　○○

乙　○○市○○町○番地の○
　　株式会社○○
　　代表取締役　○○　○○

2　一般定期借地権

一般定期借地権は，借地期間について50年以上で設定します。定期借地権付きマンションや戸建住宅といった住居系用途で活用されるイメージがありますが，事務所，シニア施設，病院など幅広い用途で利用されています。

定期借地権は所有権と異なり土地利用に期限があることから，所有権マンションと比較して 70 %～80 %程度の価格で供給され，好立地のマンションが購入しやすくなるという利点があります。なお，分譲マンションの場合，第一次取得層の年齢を考えると，建物取壊し工事期間も含めて借地期間 50 年では短く，70 年程度は必要となります。

3　建物譲渡特約付借地権

建物譲渡特約が付いた定期借地権は，建物の譲渡によって借地権が消滅することになっていることから，土地賃貸人が借地期間満了後も建物を活用して不動産運営を継続したい場合に有効な方式となります。30年以上の借地期間が条件となり，構造としては鉄骨造や鉄筋コンクリートなどの耐用年数が30年以上で，長期に利用できる賃貸マンション，寮，オフィスビルなどの用途で建築されることが多いようです。

借地人が建築主となって建築資金を借り入れることになり，負債の増加を望まない賃貸人にとってメリットがあります。また，譲渡対価は30年後の時価となることから買取金額も抑えることができます。借地人にとっても，一般定期借地権や事業用定期借地権であれば建物取壊し費用を負担すべきところ，これを建物譲渡で回避することができます。

4　事業用定期借地権

事業用定期借地権は，専ら事業の用に供する建物（居住用を除く）の所有を目的とするもので，ロードサイド店舗によく見受けられる借地方式です。居住用を除くとなっていますので，商業施設にマンションや社員寮が併設するといった組み合わせは認められません。

2008年の借地借家法の改正により，10年以上20年以下とされていた借地期間が，10年以上50年未満に延長され，50年未満は事業用定期借地権，50年以上は一般定期借地権と使い分けることができるようになりました。当初20年以下で設定された借地で期間満了を迎える契約もみられるようになり，更地で返還されるほか事業用定期借地権を再契約する事例も見受けられます。期間の更新はできませんが，当事者の合意があれば再契約することは認められており，その場合には当初契約と同様に公正証書で行うことが必要となります。事業用定期借地権は公正証書でなければ効力が発生しません。公正証書ではない事業用定期借地権設定契約に関する契約書があれば，それは公正証書作成前に合意内容を確認した予約契約，確認書等の可能性があります。後日，これらの合意内容を記した書面に基づき公証人にて建物が事業用であるかなどチェックを行い公正証書が作成されることになります。

4 借家権

借家権とは借地借家法に基づく建物の賃借権をいいます。普通借家契約と定期借家契約の２タイプの借家権があります。

1　普通借家契約

普通借家契約は，建物の利用と賃料について契約期間を定めるもので，賃貸人から期間満了の１年前から６か月前までの間に更新拒絶の通知をしなければ同一条件で更新される法定更新があります。賃貸人の更新拒絶には正当事由が必要とされています。

普通借家契約では解約等に正当事由が必要となり，立ち退き行為は借家人にとっては煩わしいものであるもののマンションやアパートであれば引っ越し先の選択肢が多く，立退料の額についても合意できる可能性がありますが，店舗であれば代替物件がなく，顧客基盤の喪失や休業による損失など影響が大きく，立退料も高額となり交渉は難航しやすく，調停，裁判等を経ることになると時間的なロスも生じます。

2　定期借家契約

定期借家契約は契約の更新がないことを定めることができるものです。

建替えが決まっている建物で，取壊しまでの間に入居するテナントに対して定期借家契約とすることでスムーズな退去が可能となります。また，事業用定期借地権で建築した建物のテナントに対して更地返還が確実に実施できるよう借地期間に合わせて定期借家とすることが考えられます。

契約は公正証書等の書面によることが求められるほか，契約時には賃借人に対して更新がなく期間満了により終了する旨の説明書類を交付し，さらに契約期間満了の1年前から6か月前までの間に賃借人に対して終了の通知をしなければならないとされています。

契約期間満了時に，当事者の合意があれば更新ではなく再契約で定期借家契約を締結することが可能です。旧契約は終了しますので，新契約について改めて書面で契約書を作成し，説明書類を交付することが求められます。

3　建物賃貸借の実際

(1)　シングルテナントとマルチテナント

建物を賃借人一社のみ一括で借りていることをシングルテナントといい，複数社が区画ごとに借りていることをマルチテナントといいます。オフィスビル，商業施設や物流施設などでは，建築前から予めテナント一社で借り上げることが決まっていてテナントのニーズに合わせた仕様で建築されることがあります。このようなシングルテナントの場合には，比較的長期の入居が前提となり，安定した賃貸収入が見込まれ管理も容易といえます。

一方で，テナントが1社であることから，退去されてしまうと以後の収入はゼロとなり，後継テナントを探索するにも賃貸面積が大きいことから，立地等の条件次第ではありますが，需要者が限定され苦戦することが予想されます。マルチテナントであれば入退去は都度ありますが，空室率100％になるリスクを避けることができます。また，テナントの契約期限が順次到来することから，その時々のマーケット環境に合わせた募集を行うことができます。

(2)　サブリース契約（マスターリース契約）

賃貸マンションに多くみられる形態として，サブリース契約があります。

賃貸経営に不慣れなオーナーに対してサブリース会社が建物を一括で借り上げ，エンドの入居者に転貸する形態をとります。不動産オーナーにとっては入居者募集の手間がかからず空室のリスクも負わない，毎月決められたサブリース賃料を受領するだけで済むという利点があります。サブリース賃料は相場の 80 %～90 %程度といわれています。サブリース賃料は長期に固定されているわけではなく，新築時は高い賃料と高稼働率となるものの，経年劣化や賃貸市場の環境によって将来的に減額されることがあります。

オーナーとサブリース会社間の契約をマスターリース契約といい，サブリース会社と入居者間の契約をサブリース契約といいます。

〔マスターリースとサブリース〕

4　賃借人とのトラブル

賃貸人に無断で転貸を行い使用させることは，契約の解除事由に該当します。賃借人が賃借物件で飲食店を運営していたところ，空きスペースがあったので軽い気持ちで承諾なく知人に転貸して営業させていたといった事例は，無断転貸に該当する可能性があります。原契約である賃貸借契約と転貸借契約の内容をチェックするとともに賃貸人の承諾の有無についても確認する必要があります。また，住居として借りていたところ，塾を営業していたという事例は用法違反に該当する可能性があります。違反行為が全て直ちに契約解除となることではないようですが，違反事項については放置するのではなく，是正を行う必要があります。

5　チェンジオブコントロール条項

法人が賃借人である場合，株主や代表者が変更となっても法人は同じであり変更はないため，賃借権の譲渡には該当しません。しかし，法人の株主や代表者の変更がある場合には，賃貸人の事前の承諾が必要となる条項が賃貸借契約書に規定されていることがあり，賃貸人としては，現社長を信頼して貸しているのであって，新オーナーの経営方針，資力が分からない状況で賃貸することに不安を抱くことの対策として設けられています。M&A では，チェンジオブコントロール条項に基づいて売主が賃貸人から同意書を取得することを前提条件とするケースがあります。

〔チェンジオブコントロールの例〕

(契約解除) 賃貸人は，賃借人に次のいずれかに該当する行為又は事実があった場合，直ちに契約を解除できる。 (1) 50 %以上保有の株主の変更に伴い代表者の変更があったとき。

〔譲渡契約での同意取得の例〕

売主は，クロージング日の前日までに，対象会社をして，代表者の変更について，相手方の同意の取得が必要となる契約の相手方から書面による同意を取得させるものとする。

5 抵当権

中小企業では金融機関から借入をしていることが多く，担保として保有不動産に抵当権又は根抵当権が設定されています。

M&A 取引で株式譲渡であれば借入金を引き継ぐことになり，抵当権も設定されたままとなります。金融機関からの借入金であれば銀行取引約定書等にチェンジオブコントロール条項が規定されているか確認の上，株式譲渡前に金融機関の了解を得る必要があます。また，買主の取引銀行で資金調達して一旦全額償還し抵当権を抹消することもあります。

事業譲渡であれば，借入金は債務引受について取引当事者と債権者間で同意がない限り引き継がれません。不動産を譲渡対象とする場合には，債権者と交渉して抵当権の抹消登記の手続を経なければなりません。抵当権が設定されたままだと，売主の債務について買主が保有する不動産を担保提供する状況になってしまいます。

6 許認可

不動産を活用した事業について，許認可を取得することが要件になっているものがあります。法務 DD における調査対象になりますが，不動産DD においても許認可を得ていることを前提に収支を分析して評価を行うことになることから，これを確認することは必要なプロセスとなります。

1 宅地建物取引業

宅地建物の売買，売買・賃借の媒介等を業として行うものは宅地建物取引業の免許を受ける必要があります。免許の有効期間は 5 年間で，期間満了の都度更新を行います。2 以上の都道府県に事務所を設置していれば国土交通大臣，1 の都道府県であれば都道府県知事が免許権者となります。本店が他県に移転となった場合には，免許の登録替えを申請しなければなりません。また，代表者や役員の就任退任があれば，変更の届出が必要となります。

免許証番号は東京都知事（12）第○○○○号のように，更新回数と番号で示されています。更新回数が多いほど歴史のある会社で信用があるといえます。しかし，更新回数の多い免許それのみで会社の価値が大きく評価されることはなく，信用に基づいた営業実績が評価されるといえます。

2 旅館業

旅館業にはホテル営業，旅館営業，簡易宿所営業，下宿営業の 4 種類があり，旅館業法に基づき都道府県知事の営業許可を受ける必要があります。また，飲食店営業許可（食品衛生法），温泉利用許可（温泉法），公衆浴場

郵 便 は が き

料金受取人払郵便

落合局承認

4331

差出有効期間
2024年 8 月31日

（期限後は切手を
おはりください）

161－8780

東京都新宿区下落合2-5-13

㈱ 税務経理協会

社長室行

お名前	フリガナ		性別	男 ・ 女
			年齢	歳
ご住所	□□□-□□□□	TEL （ ）		
E-mail				
ご職業	1．会社経営者・役員　2．会社員　3．教員　4．公務員 5．自営業　6．自由業　7．学生　8．主婦　9．無職 10．公認会計士　11．税理士　12．行政書士　13．弁護士 14．社労士　15．その他（ ）			
ご勤務先・学校名				

部署		役職	

ご記入の感想等は，匿名で書籍のＰＲ等に使用させていただくことがございます。
使用許可をいただけない場合は，右の□内にレをご記入ください。　□許可しない

ご購入ありがとうございました。ぜひ、ご意見・ご感想などをお聞かせください。
また、正誤表やリコール情報等をお送りさせて頂く場合もございますので、
E-mail アドレスとご購入書名をご記入ください。

この本のタイトル	

Q1　お買い上げ日　　　　年　　　月　　　日

ご購入方法　1．書店·ネット書店で購入（書店名　　　　　　　　　　）
　　　　　　2．当社から直接購入　　3．その他（　　　　　　　　　　）

Q2　本書のご購入になった動機はなんですか？（複数回答可）

1．タイトルにひかれたから　　2．内容にひかれたから
3．店頭で目立っていたから　　4．著者のファンだから
5．新聞・雑誌で紹介されていたから（誌名　　　　　　　　　　）
6．人から薦められたから　　7．その他（　　　　　　　　　　）

Q3　本書をお読み頂いてのご意見・ご感想をお聞かせください。

Q4　ご興味のある分野をお聞かせください。

1．税務　　2．会計・経理　　3．経営・マーケティング
4．経済・金融　　5．株式・資産運用　　6．法律・法務
7．情報·コンピュータ　　8．その他（　　　　　　　　　　）

Q5　カバーやデザイン、値段についてお聞かせください

①タイトル	1良い	2目立つ	3普通	4悪い
②カバーデザイン	1良い	2目立つ	3普通	4悪い
③本文レイアウト	1良い	2目立つ	3普通	4悪い
④値段	1安い	2普通	3高い	

Q6　今後、どのようなテーマ・内容の本をお読みになりたいですか？

許可（公衆浴場法），酒類販売業免許（酒税法）など営業の実態に応じて各種許認可を取得しています。

M&Aのスキームにおいて，株式譲渡，会社分割，事業譲渡のいずれで引継ぎを行うのか，許認可の引継ぎが可能であるか，新規に申請する必要があるのか確認し，適法な状態を維持することが求められます。

第6章

不動産の価格の求め方

不動産デューデリジェンスにおける経済性の調査は，不動産鑑定士が作成する鑑定評価書が担っており，適正な時価を利害関係者に示す客観的なレポートとして有益です。一方で，不動産鑑定評価書を取得しない場合でも参考にできる価格や指標は多く存在しています。本章では，不動産の価格を求める手法と不動産に関する各種価格の性質について説明します。

1 地価公示・地価調査

1　地価公示

地価公示法に基づいて，国土交通省土地鑑定委員会が，適正な地価の形成に寄与するために，毎年1月1日時点における標準地の正常な価格を3月に公示（令和4年地価公示では，26,000地点で実施）するもので，社会・経済活動についての制度インフラとなっています。

〈主な役割〉

・一般の土地の取引に対して指標を与えること

・不動産鑑定の規準となること

・公共事業用地の取得価格算定の規準となること

・土地の相続評価及び固定資産税評価についての基準となること

・国土利用計画法による土地の価格審査の規準となること　　等

公示価格は，売り手と買い手に売り急ぎや買い進み等の特殊な事情がない取引で成立すると認められる正常価格といわれる価格であり，使用，収益を制限する権利がない更地の価格となります。

地価公示において選定された個別の地点は標準地と呼ばれ，選定替えが行われない限り，毎年同じ地点が評価されるため，時系列で価格の推移，変動率を把握することができます。

2　地価調査

国土利用計画法施行令9条に基づき，都道府県知事が，毎年7月1日時点における標準価格を判定するものです。土地取引規制に際しての価格審査や地方公共団体等による買収価格の算定の規準となることにより，適正な地価の形成を図ることを目的としています。

地価調査において選定された個別の地点は基準地と呼ばれ，地価公示と同様に毎年同じ地点が評価されます。地価公示が1月1日時点，地価調査が7月1日時点と価格時点が半年ずれていることで，半年ごとの地価動向を把握することができます。

3　地価公示・地価調査の調べ方

国土交通省がウェブ上で運営している「土地総合情報システム」又は各自治体のホームページ等に全国の標準地・基準地が掲載されています。

土地総合情報システムでは，地価公示都道府県地価調査をクリックすると，都道府県・市区町村を指定し，地価情報，調査年，用途区分を選択することで地価公示，地価調査の情報を得ることができます。また，地価公示は昭和45年以降，地価調査は平成9年以降からの情報が掲載されているため，地価変動の推移から周辺地域の上昇，下落傾向とその程度を把握することができます。

〔土地情報総合システム〕

（出所　国土交通省）

4　地価公示・地価調査の見方

地価公示では，用途別に住宅地，宅地見込地，商業地，工業地，市街化調整区域内の現況林地に区分され，1m² 当たりの価格が公表されています。地価調査ではこれに加えて林地が設定され，10アール当たりの価格になります。

用途ごとに番号が設定され，各地点に枝番が付されています。調査する土地と同じ用途の地点を選択します。

1．2．3．…………………	住宅地
3-1．3-2．3-3．………	宅地見込地
5-1．5-2．5-3．………	商業地
9-1．9-2．9-3．………	工業地
13-1．13-2．13-3．……	市街化調整区域内の現況林地

〔地価公示の例〕

標準地番号	千代田-1	**調査基準日**	令和4年1月1日
所在及び地番	東京都千代田区三番町6番25		
住居表示			
価格（円/m^2）	3,240,000（円/m^2）	**交通施設，距離**	半蔵門，500m
地積（m^2）	969（m^2）	**形状（間口：奥行き）**	（1.0：1.5）
利用区分，構造	建物などの敷地，SRC（鉄骨鉄筋コンクリート造） 10F		
利用現況	共同住宅	**給排水等状況**	ガス・水道・下水
周辺の土地の利用現況	マンション，住宅，事務所等が混在する住宅地域		
前面道路の状況	南　11.0m　区道	**その他の接面道路**	
用途区分，高度地区，防火・準防火	第二種住居地域，防火地域	**建ぺい率（%），容積率（%）**	60（%）　400（%）
都市計画区域区分	市街化区域		
森林法，公園法，自然環境等			
鑑定評価書	詳細表示		

（出所　土地総合情報システム）

土地総合情報システムで地価公示を調べる場合，個別の標準地の下段に鑑定評価書の項目に「詳細表示」と記載があります。クリックすると不動産鑑定士が作成した鑑定評価書を見ることができます。鑑定評価額の決定に至るプロセスを確認することができるとともに，賃料や建築費，周辺の取引事例の価格水準など参考にできる情報が多いです。

〔鑑定評価書の例〕

別記様式第一

鑑定評価書（令和 4 年地価公示）

令和4年1月14日　提出
[redacted] 宅地-1

標準地番号	都道府県	所属分科会名	住所		
[redacted]	[redacted]	[redacted]	氏名	不動産鑑定士 [redacted]	TEL.

鑑定評価額	37,100,000 円	1㎡当たりの価格	225,000 円／㎡

1　基本的事項

(1)価格時点	令和4年1月1日	(4)鑑定評価日	令和4年1月8日	(6)路線価	[令和3年1月]路線価又は倍率	180,000 円／㎡
						倍
(2)実地調査日	令和3年12月4日	(5)価格の種類	正常価格		倍率種別	
(3)鑑定評価の条件	更地としての鑑定評価					

2　鑑定評価額の決定の理由の要旨

(1)標準地

①所在及び地番並びに「住居表示」等	[redacted]				②地積（㎡）	165 (　　)	⑨法令上の規制等
③形状	④敷地の利用の現況	⑤周辺の土地の利用の状況	⑥接面道路の状況	⑦供給処理施設状況	⑧主要な交通施設との接近の状況		1低専 (50,80) （その他） 高度1種最高10m 建築協定
1:1.2	住宅 W2	中規模一般住宅が多い丘陵地の住宅地域	南6.5m市道	水道、ガス、下水	戸塚 1.7km		

(2)近隣地域

①範囲	東　80 m、西　80 m、南　60 m、北　90 m　②標準的使用　戸建住宅地
③標準的画地の形状等	間口　約　12.0 m、奥行　約　14.0 m、規模　165 ㎡程度、形状　長方形
④地域的特性	特記事項：建築協定[redacted]が締結されている戸建住宅地域である。　街路：基準方位　北　6．5m市道　交通施設：[redacted]駅北西方 1.7km　法令規制：1低専 (50,80) 高度1種最高10m 建築協定
⑤地域要因の将来予測	新型コロナウイルス感染症と共存する生活スタイルが広がり、地価は安定水準まで戻りつつある。一般住宅が多い熟成した住宅地域であり、地域に影響を与える特段の要因もなく、現状のまま推移すると予測する。

(3)最有効使用の判定	戸建住宅地		(4)対象標準地の個別的要因	方位 +3.0
(5)鑑定評価の手法の適用	取引事例比較法	比準価格	225,000 円／㎡	
	収益還元法	収益価格	53,300 円／㎡	
	原価法	積算価格	/　円／㎡	
	開発法	開発法による価格	/　円／㎡	

(6)市場の特性	同一需給圏は[redacted]を中心に、周辺市区の住宅地域一帯と判定した。主な需要者は、東京都心部または[redacted]市中心部等に勤務するエンドユーザーである。[redacted]駅周辺は商業施設が充実しており、[redacted]駅徒歩圏内の住宅地は人気は高いものの、バス便等利便性に劣る物件に対する需要は立地条件によっては弱含みに転じているエリアもある。近隣地域内での取引は少なく、周辺地域をみると１６５㎡程度の土地で３，０００万円後半で取引されている。
(7)試算価格の調整・検証及び鑑定評価額の決定の理由	近隣地域は建築協定区域内の一般住宅地域である。協定による建築物の制限のため、自己居住目的での実需要取引が中心であり、賃貸市場は転勤等による定期借家などの一棟貸しが中心のため未成熟であり、このため、収益価格は低位に試算された。したがって、自己居住目的から求められた実証的かつ規範性の高い比準価格を採用し、収益価格は参考に留め、代表標準地との検討及び市場分析の結果等を踏まえ、上記のとおり鑑定評価額を決定した。

(8)前年公示価格等からの検討

①■代表標準地　□標準地　前年標準地番号 [[redacted]-14]	②時点修正	③標準化補正	④地域要因の比較	⑤個別的要因の比較	⑥対象標準地の規準価格（円／㎡）
[前年代表標準地等の価格] 176,000 円／㎡	[100.0] / 100	100 / [101.0]	100 / [79.7]	[103.0] / 100	225,000

⑧-1対象標準地の検討
■継続　□新規
前年標準地の価格
225,000 円／㎡
⑧-2標準地が共通地点（指定基準地等と同一地点）である場合の検討
□指定基準地　□基準地
指定基準地等番号
[　　]
前年指定基準地等の価格（半年前）
円／㎡

⑨変動率	年間	半年間（指定基準地等）
	0.0 %	%

⑩価格形成要因の変動状況

[一般的要因]	[redacted]の人口は微増傾向で推移。低金利の恩恵を受け、利便性が良く値頃感がある住宅地に対する需要は堅調。他方、利便性がやや劣る物件は弱含み。
[地域要因]	最寄駅からバス便利用の既存の住宅地域である。建築協定が締結されており居住環境は良好である。地域要因に特段の変化はない。
[個別的要因]	個別的要因に変動はない。

⑦内訳

標準化補正	
街路	0.0
交通・接近	0.0
環境	0.0
画地	+1.0
行政	0.0
その他	0.0

地域要因の比較	
街路	0.0
交通・接近	-1.0
環境	-19.5
行政	0.0
その他	0.0

2 相続税評価

1 相続税評価

相続税評価は，相続税及び贈与税の課税のための評価です。納税者は取得する土地，建物の時価を把握して申告しなければなりませんが，納税者がそれを把握することは簡単ではありませんので，国税庁が定める財産評価基準に則って評価し申告することになります。宅地の評価方式には，路線価方式と倍率方式があります。

2 路線価方式

路線価方式は，各路線に付された1m^{2}当たりの路線価を基に評価する方法で，市街地の宅地の評価で適用します。対象となる土地が面する路線の路線価に画地調整（間口狭小，奥行長大，角地，不整形などを反映）を行い，地積を乗じて評価額を求めます。

路線価×画地調整率×地積＝土地の相続税評価額

路線価は1月1日を評価時点にしており，地価公示価格の80％程度を目途に評価されています。地価公示，地価調査は評価地点が決まっており，調査対象地の周辺に存在しないこともありますが，路線価は各路線に付されていることから，80％で割り戻すことで，地価公示水準の価格（特殊な事情がない取引で成立すると認められる正常価格）が得られます。国税庁のホームページに路線価図が掲載されています。

路線価は不特定多数の者の通行の用に供されている道路に設定されるものであるため，特定の者しか利用されない行き止まり道路には設定されていないこともあります。税務申告の場面では納税義務者からの申出により特定路線価を設定し税務署長が定めることになります。周辺の路線価を参考に行き止まりの土地であることの影響を考慮したやや低めの水準になります。

〔路線価図の例〕

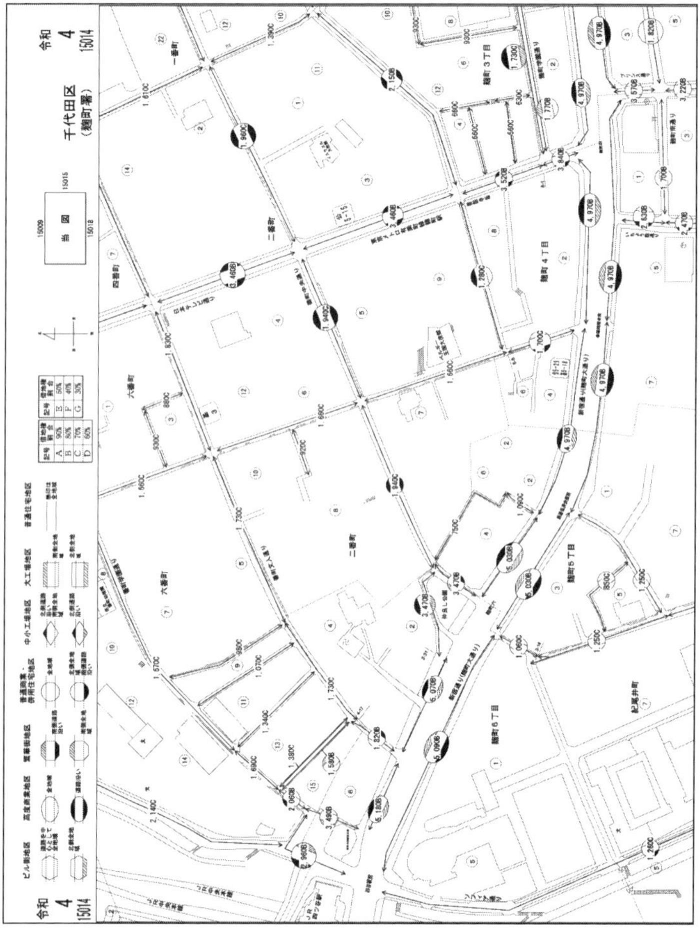

（出所　国税庁）

3　倍率方式

倍率方式は，固定資産税評価額に一定の倍率を乗じて評価する方法で，郊外の住宅地や，農村住宅などの評価で適用します。例えば，対象地が宅地であれば，倍率表の宅地の列を参照して適用地域が「1.1」とあれば，固定資産評価額に 1.1 を乗じれば土地の相続税評価額となります。また，「路線」の記載があれば路線価が付されていますので路線価図を参照することになります。倍率方式も地価公示水準の 80 ％程度を目途に評価することになっているため，相続税評価額を 80 ％で割り戻せば地価公示水準の価格を概算することができます。

固定資産税評価額×評価倍率＝土地の相続税評価額

〔評価倍率表の例〕

令和 4年分　　倍　率　表　　1頁

市区町村名：横浜市戸塚区　　戸塚税務署

音順	町（丁目）又は大字名	適用地域名	借地権割合	固定資産税評価額に乗ずる倍率等						
				宅地	田	畑	山林	原野	牧場	池沼
			%	倍	倍	倍	倍	倍	倍	倍
あ	秋葉町	全域	—	路線	比準	比準	比準	比準		
か	影取町	市街化調整区域								
		1　鎌倉市関谷内飛地	50	1.2		中　93	中　55	中　55		
		2　上記以外の地域	50	1.2	中　76	中　100	中　66	中　66		
		市街化区域	—	路線	比準	比準	比準	比準		
	柏尾町	全域	—	路線	比準	比準	比準	比準		
	上柏尾町	全域	—	路線	比準	比準	比準	比準		
	上倉田町	市街化調整区域	50	1.1	中　76	中　100	中　67	中　67		
		市街化区域	—	路線	比準	比準	比準	比準		
	上品濃	全域	—	路線	比準	比準	比準	比準		
	上矢部町	市街化調整区域	50	1.1	中　67	中　80	中　67	中　67		
		市街化区域	—	路線	比準	比準	比準	比準		
	川上町	市街化調整区域	50	1.1	中　67	中　80	中　81	中　81		
		市街化区域	—	路線	比準	比準	比準	比準		
く	汲沢町	市街化調整区域								
		1　農業振興地域内の農用地区域			純　40	純　67				
		2　上記以外の地域	50	1.2	中　76	中　88	中　67	中　67		
		市街化区域	—	路線	比準	比準	比準	比準		
	汲沢１～８丁目	市街化調整区域								
		1　農業振興地域内の農用地区域			純　40	純　68				
		2　上記以外の地域	50	1.2	中　76	中　88	中　67	中　67		
		市街化区域	—	路線	比準	比準	比準	比準		
こ	小雀町	市街化調整区域								
		1　農業振興地域内の農用地区域			純　40	純　58				
		2　上記以外の地域	50	1.1	中　76	中　100	中　65	中　65		
		市街化区域	—	路線	比準	比準	比準	比準		
し	品濃町	市街化調整区域	50	1.1	中　67	中　80	中　80	中　80		
		市街化区域	—	路線	比準	比準	比準	比準		

（出所　国税庁）

〔路線価を使った簡便な価格査定の例〕

〈前提条件〉
地積：300m^2
形状：長方形
路線価：800,000 円／m^2
年間変動率：＋3 %
価格時点：7 月 1 日

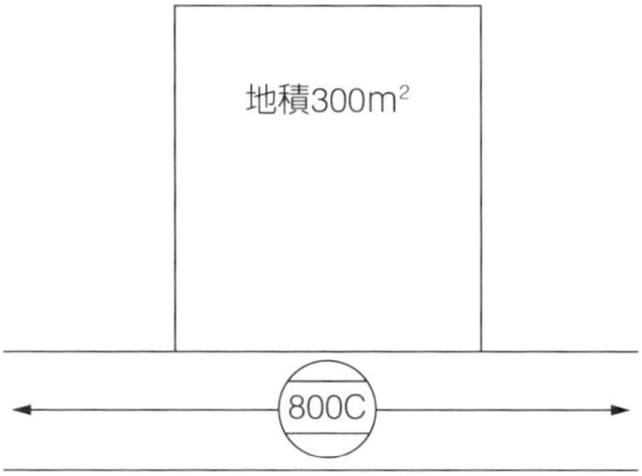

（路線価）　÷（割戻）×（時点修正率）×（地積）＝（査定額）

800,000 円/m^2 ÷ 80 % × $\frac{101.5}{100}$ × 300m^2 ＝ 304,500 千円

※時点修正率

＋3.0 %×$\frac{6\text{か月}}{12\text{か月}}$＝＋1.5 %

4　路線価適用地域で路線価がない場合

相続税路線価が設定されていない土地について地価水準を把握したい場合には，固定資産税路線価を参考にすることも有効な手段となります。相続税の路線価と同じく，固定資産税にも路線に対して 1m^2 当たりの土地価格が付された路線価が存在します。行き止まり道路や郊外の住宅地域などでは相続税路線価がなくても，固定資産税路線価であれば敷設してある可能性があります。不動産の所有者であれば固定資産税課税明細書に評価額が記載してありますが，所有者から資料開示を受けることができない場合には活用できる情報となります。

固定資産税路線価は地価公示価格の 70 %をめどに評価されており，毎年評価される相続税路線価と異なり 3 年毎に評価替えされる点に留意が必要です。

固定資産税路線価は，各自治体のホームページや市役所等の固定資産税課などで調べることができます。

〔相続税路線価と固定資産税路線価の比較〕

相続税路線価

固定資産税路線価

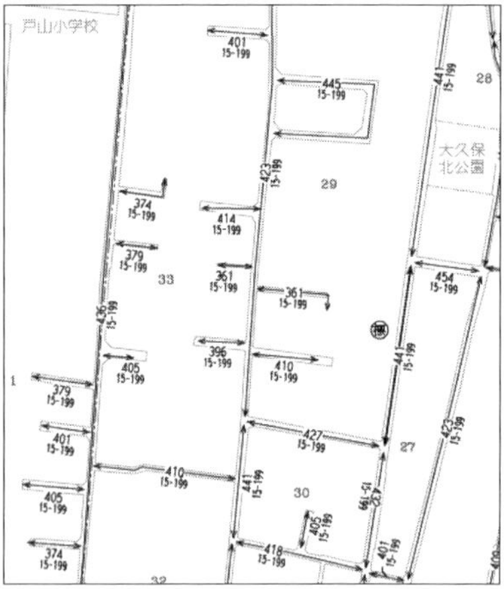

> **〈全国地価マップの活用〉**
>
> 一般財団法人資産評価システム研究センターが提供する「全国地価マップ」を活用すれば，地価公示，地価調査，相続税路線価，固定資産税路線価を調べることができます。ある地点を選択すれば，表示させたい価格と年度を選択することで周辺の価格情報を表示させることができます。また，相続税評価の倍率表を表示させることもできる便利なサイトです。

[全国地価マップ]

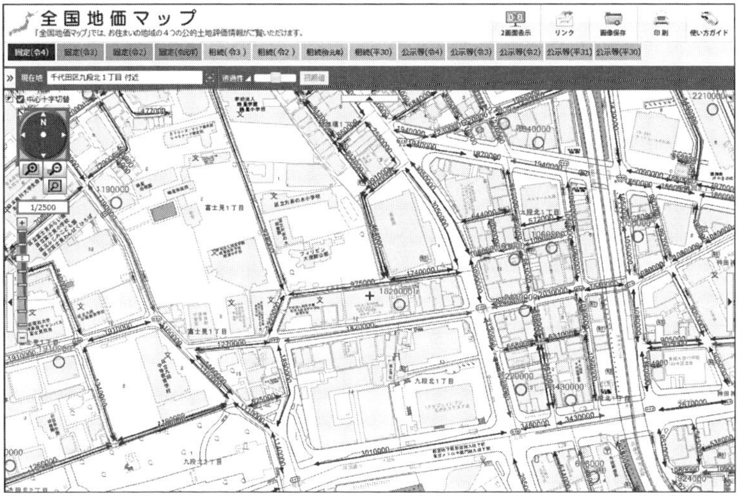

（出所　一般財団法人資産評価システム研究センター）

5　路線価と実勢価格

路線価の 80 %割戻しが地価公示価格の水準となるのですが，その水準が必ずしも取引価格と同じとはなりません。取引の成約事例を入手できれば取引時点の路線価に対して取引価格がどの程度の倍率になるか確認することによって地域の取引価格と路線価との乖離で相場を把握することができます。

例えば，都心部の商業地域では不動産取得競争が激化し，取引価格が上昇しています。この状況を反映して路線価も上昇するのですが，毎年一度しか評価額が見直されず取引市場の動きが早い場合には，路線価の変動率が実際の市場での変動率を十分反映できていないことがあります。現時点の実勢価格が路線価の約 1.2 倍（路線価の 80 %割戻し）だとしても，半年後には 1.5 倍になっているかもしれません。このような傾向は，都心部のマンション分譲用地や交通利便性の高い物流施設用地などの希少な立地のまとまった土地等にみられる傾向です。また，路線価は地域の標準的な画地規模を想定して価格が決められているため，標準より地積が小さい戸建用地は取引総額が低く抑えられる反面，取引単価は高くなり路線価の 1.2 倍を上回ることもあります。

一方で，不動産需要が低迷している地方の場合，路線価でも買い手がつかないこともあります。シャッター商店街，過疎化した空き家の多い住宅地，交通利便性の悪い工場地などは市場で選好されにくい条件のため路線価と乖離して低い取引相場になってしまっていることがあります。

地価公示や路線価は，1 つの目安とするには便利な価格となりますが，過度に頼ることなく実勢価格の把握にも努める必要があります。

6　建物の相続税評価額

建物の相続税評価額は，固定資産税評価額に 1.0 を乗じて求めることになるため，固定資産税評価額と相続評価額は同じになります。ただし，貸家となっている建物は固定資産税評価額から借家権割合と賃貸割合を乗じた額を控除して評価します。

〈具体例〉

固定資産税評価額 5,000 万円，借家権割合 30 %，賃貸割合 100 %の場合

5,000 万円 −（5,000 万円 × 30 % × 100 %）＝ 3,500 万円…評価額

3 固定資産税評価

固定資産税評価は，市町村税である固定資産税を課するためのもとになる価格となります。評価に当たっては，固定資産税評価基準に従い各市町村が決定します。その年の1月1日時点の所有者に対して納税通知書が発送されますので，通知書に同封される課税明細書に評価額が記載されています。納税通知書は各自治体によって異なるものの，おおむね4月から5月頃に発送されます。土地，建物（家屋）の評価額は3年毎に評価替えを行って，価格変動を反映することになっています。

1　土地の固定資産税評価額

土地の固定資産税評価額は固定資産税路線価を基に対象地に対して画地計算を行い評価額が算出されます。相続税評価は納税者が自ら路線価を調べて画地計算するのに対して，固定資産税評価は自治体が計算した評価額となります。自治体によって課税明細書の書式は様々ですが，記載された情報はほぼ同じです。

課税明細書に記載されている「現況地目」は1月1日現在の地目を示しており，登記地目と表示が異なっている可能性があります。「課税地積」は課税に際しての地積で，一筆の土地で住宅用地と駐車場に分かれているような場合には，土地の利用ごとに分けて表示されることがあります。「税相当額」は課税標準額に税率（固定資産税は全国一律1.4％，都市計画税は0.3％を上限に条例で定められます）を乗じた概算の税額になります。

〔課税明細書（土地）〕

令和○年度課税明細書

所有者氏名					○○　○○　様分
①資産	②所在・地番		③負担水準又は家屋番号		④軽減相当税額（円）上２桁は軽減
⑤現況地目等又は種類・構造	⑥課税地積床面積（m²）	⑧前年度固定資産税（比準）課税標準額（円）	⑩固定資産税本則課税標準額（円）	⑫固定資産税課税標準額（円）	⑭固定資産税相当額（円）
⑦価格（評価額）（円）		⑨前年度都市計画税（比準）課税標準額（円）	⑪都市計画税本則課税標準額（円）	⑬都市計画税課税標準額（円）	⑮都市計画税相当額（円）
土地	○町○丁目○-○		小　93％		
宅地（小規模）	160.00	3020000	3220949	3181047	44534
19325697		6362896	6441899	6441899	19325

（横浜市の課税明細書より作成）

〔課税明細書（家屋）〕

令和○年度課税明細書

所有者氏名					○○　○○　様分
①資産	②所在・地番		③負担水準又は家屋番号		④軽減相当税額（円）上２桁は軽減
⑤現況地目等又は種類・構造	⑥課税地積床面積（m²）	⑧前年度固定資産税（比準）課税標準額（円）	⑩固定資産税本則課税標準額（円）	⑫固定資産税課税標準額（円）	⑭固定資産税相当額（円）
⑦価格（評価額）（円）		⑨前年度都市計画税（比準）課税標準額（円）	⑪都市計画税本則課税標準額（円）	⑬都市計画税課税標準額（円）	⑮都市計画税相当額（円）
家屋	○町○丁目○-○		○-○		
居宅　木造	103.00			8755000	122570
8755000				8755000	26265

（横浜市の課税明細書より作成）

2　建物（家屋）の固定資産税評価額

建物の固定資産税評価額は，固定資産評価基準によって算出されるもので，実際の建築工事費や建物の売買価格とは異なります。対象建物と同じ建物を新築するとした場合の再建築価格を求め，経年減価等を考慮して価格を算出する方式になっています。評価替えを行う基準年度の評価額はその後翌年，翌々年も原則として据え置きとなります。

新築，増築された建物について，役所の税務課から通知が送付され，図面調査又は現地調査が行われます。図面調査では図面等の書類の提供や建築設備に関する状況の回答を行い，現地調査では書類の確認に加えて建物の構造，間取り，内装，設備の確認が行われます。土地のように地価公示価格の7割という基準はありませんが，実際の建築工事費より低く，おおむね50％～70％程度で算出されています。

〔公的土地評価制度のまとめ〕

	地価公示	地価調査	相続税路線価	固定資産税評価
目的	一般の土地の取引価格に対する指標，公共事業用地の取得価格算定の規準等	土地取引規制に際しての価格審査や地方公共団体等による買収価格の算定の規準	相続税，贈与税の課税目的	固定資産税の課税目的
法令	地価公示法２条１項	国土利用計画法施行令９条	相続税法	地方税法
実施機関	土地鑑定委員会	都道府県知事	国税局長	市町村長
対象区域	都市計画区域その他の土地取引が相当程度見込まれるものとして国土交通省令で定める区域	全国 47 都道府県の全域	市街地的形態を形成する地域	所有者が所有する全ての筆
価格時点	１月１日	７月１日	１月１日	１月１日 ※３年毎評価替え
公表時期	３月	９月	７月	４月
価格名称	公示価格	標準価格	路線価	固定資産税評価額
価格水準	100	100	80	70

4　土地の一物四価と実勢価格

それぞれの制度・目的によって，地価公示（地価調査），相続税路線価，固定資産税評価額が公的価格としてあり，これらの他に実勢価格を合わせると，1つの土地に対して4つの価格が存在することから一物四価といわれます。

実勢価格とは，実際に取引が成立するであろう価格をいいます。過去の取引価格を参考に，対象地の規模，形状，取引時点からの変動等を考慮して決定されることになります。実勢価格を知るためには，不動産仲介業者などの精通者にヒアリングすることが多いでしょう。不動産仲介業者は自社の仲介実績を蓄積したデータやレインズなど不動産仲介業者が利用できるシステムから情報を入手して実勢価格をはじき出すことができます。不動産仲介会社も売買仲介の依頼がもらえるからこそ調査をしてくれるのであって，いつも気軽に実勢価格を提供してくれるとは限りません。

不動産の所有者は自らの不動産を手放す時に少しでも高く売りたいと考えるのは当然のことで，第三者から実勢価格だと示したところで「バブルの頃は坪○円で売ってほしいといわれたことがある」や，「最近いろいろな業者から売ってくれと電話がかかってきている」といって強気になり，売り希望価格が成約できる水準と大きく乖離することもしばしばあります。公的価格や過去の取引価格から導き出した実勢価格を示しながら客観的かつ説得力のある価格説明をすることが求められます。

5 実勢価格を調べる方法

国土交通省が運営する土地総合情報システムにおいて不動産取引価格情報検索を活用して，過去の取引価格を知ることができます。国土交通省が不動産の取引当事者に対してアンケート調査を実施し，得られた回答を基に物件が特定できないよう加工したものを公表しています。

ウェブ画面上では過去5年程度，ダウンロードデータでは2005年7月以降の取引事例が検索できます。取引事例の件数が多い住宅地であれば，取引の件数，価格帯，地積規模などの傾向を把握することができます。

事例の種類は，土地，土地と建物，中古マンション等（区分所有物件），農地，林地の5種類から選択できます。土地と建物は内訳価格の記載はありませんが，戸建住宅の取引総額の水準を把握するには有益です。中古マンション等についても同様です。農地，林地は市場での取引件数が少なく，かつ不動産業者などにヒアリングしても明確な回答が得られず情報収集が難しいため，ここから得られる取引事例は貴重といえます。

ところで，不動産売買情報サイトに掲載されている価格は，売主が希望する売出価格であって，買主との交渉過程で価格調整が行われることもあり売買が成立した最終的な成約価格とは異なります。売出価格は成約価格より高く設定されているかもしれず，今後変動する可能性がある参考価格であるという認識が必要です。

〔不動産取引価格情報検索画面〕

（出所　国土交通省　土地総合情報システム）

不動産取引価格情報検索の結果，検出された事例について場所を特定することはできませんが，取引総額，地積，建物の築年，構造，用途，前面道路，都市計画，取引時期などが掲載されていますので参考にすることができます。

例として，対象地が横浜市戸塚区上倉田町に所在する 150m² の住宅用地について調べてみます。検索したところ13件がヒットし，その中で今後の利用目的が住宅で 100m² 台の事例は 9 件ありました。単純平均すると坪単価 83 万円程度が実勢価格水準と把握できます。これに地価公示や路線価など公的価格と比較して乖離の有無を分析することで，人気があり地価が高い地域，人気のない地価が低い地域を見分けることができます。

〔検索結果画面〕

土地総合情報システム　Land General Information System

Webの見方　印刷

2020年第２四半期～2022年第１四半期の神奈川県横浜市戸塚区上倉田町の土地取引件数 163 件　取引件数の推移

検索条件：［種類］土地　［地域］神奈川県　横浜市戸塚区　上倉田町　［取引時期］2020年第２四半期～2022年第１四半期

検索結果：13件中 1件目 ～ 13件目を表示中(1/1ページ目)

不動産取引価格情報　土地

土地取引価格の概況　ダウンロード

詳細表示	所在地	地域	最寄駅		取引総額	土地				今後の利用目的	前面道路			都市計画	建ぺい率	容積率	取引時期	取引の事情等
			名称	距離		坪単価	面積	m2単価	形状		幅員	種類	方位					
1	横浜市戸塚区 上倉田町	住宅地	戸塚	15分	2,400万円	81万円	95m²	24万円	不整形	住宅	6.4m	市道	南西	準住居	60%	200%	R04/01-03月	
2	横浜市戸塚区 上倉田町	住宅地	戸塚	16分	2,600万円	85万円	100m²	26万円	ほぼ整形	住宅	4.5m	私道	西	1種住居	60%	200%	R02/10-12月	
3	横浜市戸塚区 上倉田町	住宅地	戸塚	8分	4,000万円	130万円	100m²	40万円	不整形	住宅	4.0m	市道	東	1中住専	60%	150%	R02/04-06月	私道を含む取引
4	横浜市戸塚区 上倉田町	住宅地	戸塚	13分	2,000万円	57万円	115m²	17万円	不整形	住宅	7.5m	私道	南西	1中住専	60%	150%	R03/10-12月	
5	横浜市戸塚区 上倉田町	住宅地	戸塚	8分	3,900万円	110万円	115m²	34万円	ほぼ長方形	住宅	4.0m	市道	北東	1中住専	60%	150%	R02/07-09月	私道を含む取引
6	横浜市戸塚区 上倉田町	住宅地	戸塚	24分	2,900万円	73万円	130m²	22万円	ほぼ台形	住宅	4.5m	市道	北	1低住専	50%	80%	R02/07-09月	
7	横浜市戸塚区 上倉田町	住宅地	戸塚	24分	3,800万円	90万円	140m²	27万円	ほぼ台形	住宅	6.7m	市道	南	1低住専	50%	80%	R03/10-12月	
8	横浜市戸塚区 上倉田町	住宅地	戸塚	23分	3,300万円	79万円	140m²	24万円	ほぼ台形	住宅	7.0m	市道	南	1低住専	50%	80%	R03/10-12月	
9	横浜市戸塚区 上倉田町	住宅地	戸塚	20分	3,300万円	65万円	170m²	20万円	長方形	住宅	4.5m	市道	北	1低住専	50%	80%	R02/10-12月	
10	横浜市戸塚区 上倉田町	住宅地	戸塚	20分	3,300万円	60万円	185m²	18万円	ほぼ長方形	住宅	12.5m	市道	西	1低住専	50%	80%	R04/01-03月	
11	横浜市戸塚区 上倉田町	商業地	戸塚	11分	5,300万円	71万円	250m²	21万円	ほぼ長方形	その他	10.0m	県道	東	1種住居	60%	200%	R03/04-06月	
12	横浜市戸塚区 上倉田町	住宅地	戸塚	19分	2,900万円	38万円	250m²	12万円	不整形	住宅	4.0m	私道	北西	1種住居	60%	200%	R02/04-06月	
13	横浜市戸塚区 上倉田町	住宅地	戸塚	11分	9,300万円	34万円	910m²	10万円	不整形		4.5m	市道	東	1中住専	60%	150%	R03/07-09月	

（出所　国土交通省　土地総合情報システム）

6 不動産鑑定評価

1 不動産鑑定評価とは

不動産の鑑定評価は，国家資格である不動産鑑定士のみが業として行うことができます。不動産鑑定士が不動産の経済価値を客観的に判断し，その結果を価格として不動産鑑定評価書に表示することになります。例えば，売買において売主と買主双方の交渉の結果として合意した売買価格は，不動産の適正な価格を反映しているようにみえます。しかし，売買当事者には，相続税の納税資金のため早く換金したい（売り急ぎの事情），親が子の自宅建築のため安く譲ってあげる（縁故関係による事情），店舗出店に必要な土地で先方の言い値でも買いたい（買い進みの事情）など特殊な事情があって，取引価格の全てが公平中立な価格とはいえません。

また，実勢価格は，過去の取引価格等を参考にした実際に取引が成立するであろう価格ですが，実勢価格を判断するために取引の事情を考慮して適正に補正しなければならないといった決まりがあるわけではないため，中立で客観的な価格であることを保証することはできません。不動産鑑定士によって求める不動産鑑定評価額は，多数の取引事例や賃貸事例を収集，分析し，複数の価格算定プロセスを通じて客観的な価格を求めることができ，当然その過程を記した不動産鑑定評価書に責任を負うものとなります。

M&Aの過程においては，以下のような時に不動産鑑定を活用することが想定できます。DDの過程で取得した不動産鑑定評価書は，資金調達時には金融機関に担保価値の根拠資料，税務調査が生じた際には税務署に適正価格の根拠資料として提出するなど様々な目的で利用されます。

〔鑑定評価の活用例〕

財務 DD における不動産時価の把握	保有不動産について帳簿価格と時価の乖離が存在するか把握します。減損の兆候がある場合には，鑑定評価額を活用して会計上の減損損失を測定します。
金融機関から資金調達するための担保価値の把握	買主の資金調達に当たって不動産担保の提供を求められた場合，買主が鑑定評価を取得して担保価値を示します。金融機関が鑑定を取得することもあります。
対象会社の不動産をオーナー個人が買い受ける際の譲渡価格の参考	事業は買収したいが，不動産は不要という買主の場合，不動産をオーナーが買い取ることがあります。低廉譲渡で税務上問題とならないよう，客観的な時価を把握して譲渡価格を決めるため鑑定を取得します。
対象会社が賃借するオーナー個人の敷地を対象会社が買い受ける際の譲渡価格の参考	建物は法人が土地はオーナーが所有していることがあります。M&A のタイミングで土地建物の所有者を法人にそろえるため，土地の買取価格を鑑定評価を活用して決定します。
M&A に伴い不動産の一部を賃貸する場合の新規賃料の参考	事業の継続に必要な不動産であるが，引き継ぎできない場合，オーナー等が不動産を買取した後，法人に賃貸します。鑑定評価を取得して適正な水準で賃料設定します。
M&A の相手方と交渉するための材料	不動産は資産に占める割合が大きくなりやすく，交渉上トラブルの原因にもなります。売主又は買主が鑑定評価を取得して相手方に示すことで，価格に説得力が生まれて交渉を有利に進めることができる可能性があります。

2　鑑定評価書と調査報告書の違い

鑑定評価を依頼する際には，鑑定評価書，調査報告書，意見書などの名称の成果報告書が存在します。鑑定評価の統一的基準を不動産鑑定評価基準といい，これに則って行われた鑑定評価の成果報告書を鑑定評価書といいます。裁判所，税務署などの公的機関への証拠，証明書類，J-REIT が取得・保有する不動産の価値を客観的な視点で示すための資料として広くステークホルダー等に開示されることに耐え得るものになります。

一方で，鑑定評価基準に則っていないものを調査報告書，意見書といい，内部資料としての使用に限定するなどの条件の下作成される報告書になります。社内で M&A スキーム構築上の参考にするため保有不動産の概算価格を把握するような場合では調査報告書でもよいかもしれません。調査報告書の方が報酬は低く設定されていることが一般的です。

3　不動産の種類

不動産の種類は，不動産の種別と類型によって構成されます。不動産の種別とは不動産の用途に関して区分されるもので，宅地地域の種別は住宅地域，商業地域，工業地域等に，宅地の種別は住宅地，商業地，工業地，見込地，移行地等に分けられ，さらに細分化されます。

不動産の類型とは利用と権利の形態に応じて区分され，宅地と建物及びその敷地に分類して，それぞれ以下の類型に区分されます。

例えば，対象不動産が商業地域に存する商業地で，賃貸オフィス（貸家及びその敷地）として利用されていた場合，鑑定評価額は収益価格を標準として積算価格，比準価格を比較考慮して決定するとされていて，種別と類型は鑑定評価における価格決定のプロセスに重要な影響を及ぼします。

〔不動産の類型〕

		更地	建付地	借地権	底地
宅地の類型		建物がない土地 （権利は所有権）	建物がある土地 （権利は所有権）	建物所有目的の 地上権・賃借権	借地権が 設定されている 土地の所有権
				借地人 所有者	借地人 所有者
建物及びその敷地の類型		自用の建物 及びその敷地	貸家及び その敷地	借地権付建物	区分所有建物 及びその敷地
		土地と建物の 所有者が同じ	建物と土地の 所有者が同じで， 建物を賃貸	借地権者と建物 の所有者が同じ	専有部分等と その敷地利用権
		所有者 所有者	賃借人 所有者	借地人 借地人 所有者	

4　価格の種類

不動産鑑定評価において求めるべき価格の種類は，原則的には合理的な市場を前提とした価格であり，これを正常価格といいます。しかし，前提となる条件次第では，正常価格以外の価格を求めることが必要になる場合も生じます。鑑定評価により求める価格の種類は４つあり，正常価格，限定価格，特定価格，特殊価格に分かれています。

M&A では，正常価格を求める場面がほとんどですが，土地賃貸借契約の内容によっては会社オーナーと対象会社間での土地売買において底地を買い取る際の価格が限定価格に該当することもあり得るので留意が必要です。

正常価格	市場性を有する不動産について，現実の社会経済情勢の下で合理的な市場で形成されるであろう市場価値を表示する適正な価格をいう。合理的な市場とは，公開市場で売り急ぎ，買い進み等の事情によらない市場をいう。
限定価格	市場性を有する不動産について，不動産と取得する他の不動産との併合又は不動産の一部を取得する際の分割等に基づき正常価格と同一の市場概念の下において形成されるであろう市場価値と乖離することにより，市場が相対的に限定される場合における取得部分の当該市場限定に基づく市場価値を適正に表示する価格をいう。特定の当事者間でのみ経済合理性が認められる価格である。 〈例〉 ・借地人が底地を買い取る場合の価格 ・隣地を買い増す場合の価格
特定価格	市場性を有する不動産について，法令等による社会的要請を背景とする評価目的の下で，正常価格の前提となる諸条件を満たさない場合における不動産の経済価値を適正に表示する価格をいう。 〈例〉 ・証券化対象不動産の価格 ・民事再生法に基づく早期売却価格 ・会社更生法または民事再生法に基づく事業継続価格
特殊価格	文化財等の一般的に市場性を有しない不動産について，その利用現況等を前提とした不動産の経済価値を適正に表示する価格をいう。 〈例〉 文化財の指定を受けた建築物

5　不動産の価格を求める鑑定評価の手法

不動産の価格を求める手法は，原価法，取引事例比較法，収益還元法の3手法があります。不動産の類型（更地，借地権，自用の建物及びその敷地，貸家及びその敷地など）によって適用できる手法が限られることもありますが，価格の説得力を持たせるためにも複数の手法を適用します。

鑑定評価の手法	試算価格の名称	アプローチ名
原価法	積算価格	コストアプローチ
取引事例比較法	比準価格	マーケットアプローチ
収益還元法	収益価格	インカムアプローチ

7　取引事例比較法

対象不動産と類似する不動産の取引事例を多数収集し，事情補正，時点修正，地域要因，個別的要因の比較を行い，対象不動産の価格を導く手法です。この手法によって求められた価格を比準価格といいます。市場で実際に成約した取引価格を用いるもので，市場性を反映する観点で求める，マーケットアプローチの手法です。

取引事例は近隣地域，同一需給圏内の類似地域において対象不動産と用途が類似するものを収集する必要があります。所在が特定できる取引事例は一般に公開されておらず，不動産鑑定業者が独自の取引事例にアクセスすることができます。なお，土地建物が一体で取引された複合不動産の取引事例は比較することが困難であるため，複合不動産について本手法はほとんど適用されません。実務上は，土地，区分所有マンションの取引事例において適用されることが一般的です。

〔取引事例比較法の流れ〕

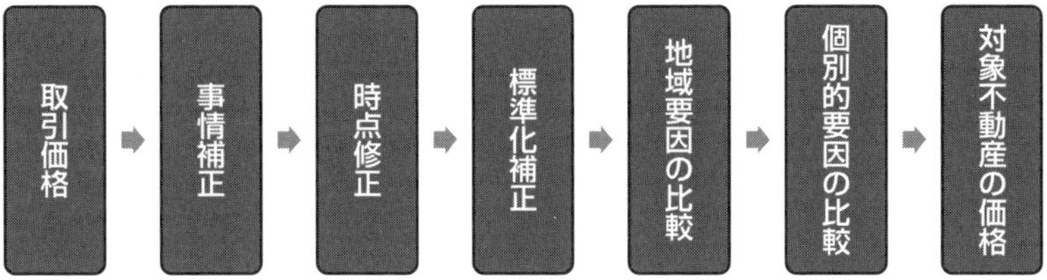

1　事情補正

売買当事者に売り急ぎ（急な換金の必要性，期限間近の納税資金確保等）や買い進み（事業用地として必要不可欠等）といった特殊な事情がある場合には，割安又は割高の水準を事情がない状態に補正します。実際に当事者から正常な水準からどの程度の乖離があるか回答が得られることはなく，評価主体の判断によるところが大きく，取引事例が豊富に収集できている場合には，事情がある取引事例の適用は避けたほうがよいでしょう。

2　時点修正

取引時点から価格時点までの価格の変動を修正します。価格の変動率の把握は近隣の地価公示地の年間変動率等より求めます。

〔時点修正率の計算〕

価格時点	公示価格	変動率 （前年比）
2022 年 1 月 1 日	185,000 円/m^2	＋1.6 % 月率＋0.13 %
2021 年 1 月 1 日	182,000 円/m^2	＋2.8 % 月率＋0.23 %
2020 年 1 月 1 日	177,000 円/m^2	—

取引時点：2020 年 6 月 1 日
価格時点：2022 年 2 月 1 日
2020 年 6 月 1 日から 2020 年 12 月 31 日までの変動率　0.23 %×7 か月≒1.6 %
2021 年 1 月 1 日から 2021 年 12 月 31 日までの変動率　0.13 %×12 か月≒1.6 %
2022 年 1 月 1 日から 2022 年 2 月 1 日までの変動率　0.13 %×1 か月≒0.1 %
時点修正率　(1＋1.6 %)×(1＋1.6 %)×(1＋0.1 %)≒1.033

3　標準化補正

取引事例は角地，不整形，規模大など個別性を持っており，その個別性を反映した価格で取引がされています。取引事例が属する地域の標準的な画地を想定し，個別性を排除した価格に補正することを標準化補正といいます。地域要因の比較では，対象地が属する地域の標準的な画地と事例地が属する地域の標準的な画地を比較することになります。

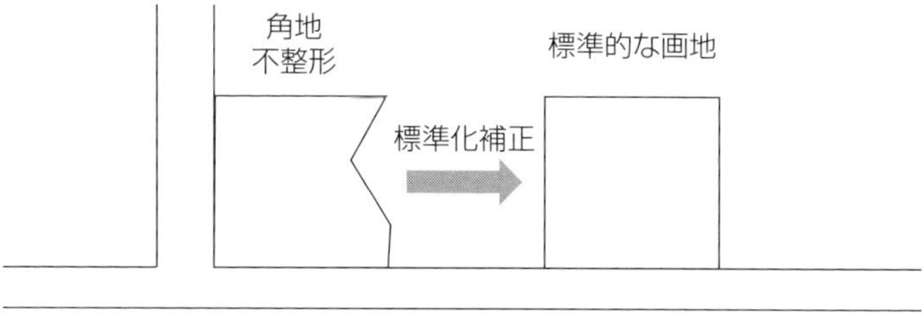

4　地域要因の比較

対象不動産が属する地域を近隣地域といい，取引事例は近隣地域又は同一需給圏内の類似地域に属しています。それぞれの地域について街路条件，交通接近条件，環境条件，行政的条件等の条件を比較・分析し，その優劣を数値化します。

不動産鑑定士であれば経験に基づく独自の数値化した表（比準表）を作成していたり，土地価格比準表という書籍を活用して地域要因の比較を行いますが，土地の種別や事例が存する地域によって数値は変わるものであり数値化は容易ではありません。M&A従事者が取引事例を入手することができた場合，簡便な方法として路線価を用いて比較する方法があります。相続税路線価は路線ごとの地域の条件を反映して価格が決定されていることから，路線価の比率をもって地域の格差とすることがおおむねできます。

〔相続税路線価を用いた地域要因の比較〕

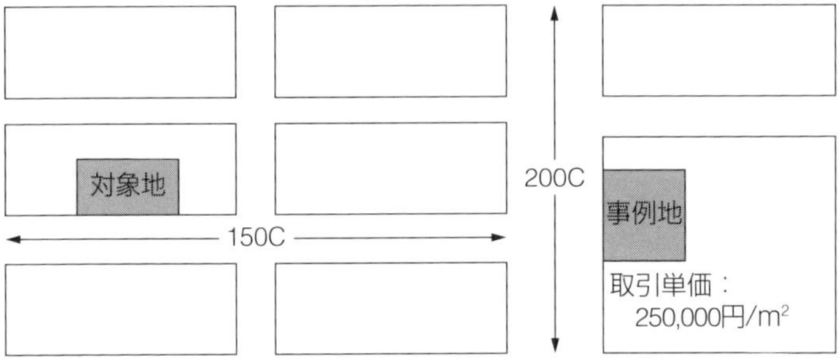

取引単価　対象地路線価　対象地単価

$$250{,}000\text{円}/m^2 \times \frac{150{,}000}{200{,}000} = 187{,}500\text{円}/m^2$$

事例地路線価

5　個別的要因の比較

対象地の存する地域の標準的な画地と比較して，対象地が有する個別的要因を反映します。

〔地域要因・個別的要因の比較のイメージ〕

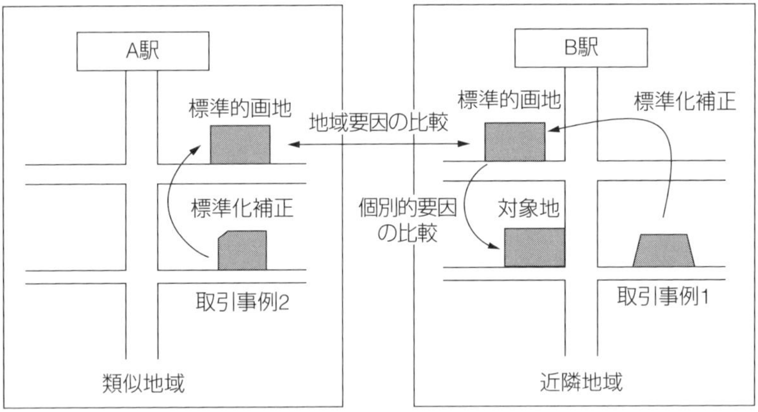

〔取引事例比較法の例〕

	対象地	取引事例 1	取引事例 2
取引価格（単価）	—	110,000 円/m^2	85,000 円/m^2
取引事情	—	なし	なし
価格時点/取引時点	2023/1/1	2022/1/1	2021/1/1
地域要因（環境条件）	普通：100	優良：110	劣る：90
個別的要因	角地：103	二方路地：102	中間画地：100
地積面積	300m^2	—	—

	地価変動率
2021/1/1～2021/12/31	＋4％
2022/1/1～2022/12/31	±0％

	取引価格	事情補正	時点修正	標準化補正	地域要因の比較	個別的要因の比較	対象地の比準価格
取引事例 1	110,000 円/m^2	$\times\frac{100}{100}$	$\times\frac{100}{100}$	$\times\frac{100}{102}$	$\times\frac{100}{110}$	$\times\frac{103}{100}$	101,000 円/m^2
取引事例 2	85,000 円/m^2	$\times\frac{100}{100}$	$\times\frac{104}{100}$	$\times\frac{100}{100}$	$\times\frac{100}{90}$	$\times\frac{103}{100}$	101,000 円/m^2

対象地の比準価格	地積	総額
101,000 円	300m^2	30,300,000 円

8 原価法

土地，建物，付帯費用について再調達原価を求め，その再調達原価に対して減価修正を行って，対象不動産の価格を求める手法です。この手法によって求められた価格を積算価格といいます。価格時点において，同じ土地を取得して同じ建物を建てたらいくらになるのかという観点で求める，コストアプローチの手法です。

〔原価法のイメージ〕

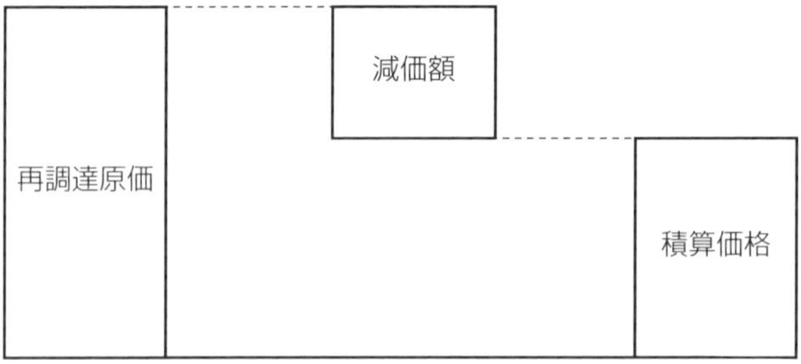

1 再調達原価

(1) 土地

土地の再調達原価は既成市街地にあっては，更地価格が再調達原価になります。更地価格を求めるには，類似の取引事例を比較して価格を導く取引事例比較法及び土地に建物を建築して賃貸することを想定した場合の土地に帰属する純収益より求める収益還元法によって求めます。

(2) 建物

建物の再調達原価は，建物の建築費が基礎となります。建築請負契約書があれば，建築当時の建築費を把握することができるので，これに国土交通省の建築工事費デフレーターなどの指数で現在の建築費に修正します。当時の建築費が不明な場合には，同等の品等の建物の建築費を参考にして求めることになりますが，一般財団法人建設物価調査会が収集した建築費データを基に規模・用途・エリアに応じて再調達価格が査定できるサイト「ジャパン・ビルディング・コスト・インフォメーション」などを活用して把握します。近年は資材価格の高騰や職人不足の影響で建築費が上昇傾向にあり，過去の経験則で建築費を推定すると乖離が生じる可能性があるため，慎重に検討する必要があります。J–REIT 物件であれば，全てではありませんがニュースリリースや決算資料に再調達価格が，地価公示であれば土地残余法で想定する建物等の初期投資額が記載されていますのでこれらも参考にできます。

(3) 付帯費用

付帯費用は，土地に関しては公共公益施設負担金や開発申請諸経費等，建築に関しては設計監理料，建築確認申請費用，登記費用等が挙げられます。

さらに，建物が竣工し，開発・販売業者，もしくは建築業者から建物の引渡しを受け，使用収益が可能な状態になるまでの期間に対応するコストとして，下記に例示する費用についても，適切に計上します。

- 建物引渡しまでの資金調達費用（借入金利及び自己資本に対する配当率）
- 発注者の開発リスク相当額
- 発注者利益（開発者利益・機会費用）

・分譲住宅・マンション等の販売費，広告宣伝費
・土地の公租公課，地代（開発期間中の固定資産税・都市計画税（借地の場合は地代）相当額）
・貸家及びその敷地の評価において賃貸中の不動産としての再調達原価を求める場合のテナント募集費用

2 減価修正

（1） 土地

土地の減価修正は，軟弱地盤で土壌改良が必要である，通常の土地利用に問題がある擁壁があるなどの場合に減価を行います。

（2） 建物

建物の減価修正は，耐用年数に基づく方法と観察減価法を併用します。減価には物理的要因（建物の老朽化，偶発的な損傷など），機能的要因（設計の不良，形式の旧式化，設備の不足など），経済的要因（近隣地域の衰退，付近の環境との不適合，市場性の減退など）があります。耐用年数に基づく方法で採用する耐用年数は，いわゆる税法上の法定耐用年数とは異なります。法定耐用年数を満了すれば帳簿価格は備忘価格になりますが，建物は性能向上やメンテナンスの高度化により長寿命化しており，鑑定評価では建物の個別性を勘案して経済的残存耐用年数を判定します。

観察減価法は，耐用年数に基づく方法では反映しきれない減価，例えば適切な管理がなされていない，修繕工事が実施されていないなどが現地調査等によって判明した場合に減価します。

（3） 付帯費用

土地に関しては造成時のインフラ整備費用，開発者利潤等で，価格時点

において損耗，消滅していると判断される場合には，減価修正を行います。建物及び一体として把握される付帯費用（資金調達費用や開発リスク相当額等）は建物と同様の方法で減価修正されることが一般的です。

〔原価法の査定表〕

■　再調達原価

①土地	更地価格（単価）　　地積　　　　更地価格 150,000円/m^2 × 1,000.00m^2 ＝ 150,000,000円
②建物	建物再調達価格　　　　延床面積当たり単価 375,000,000円　[250,000円/m^2・826,446円/坪]
③付帯費用	土地　　　　建物　　　　付帯費用比率　　付帯費用 (150,000,000円＋375,000,000円)×　15.0％　≒78,800,000円
④合計	土地　　　　建物　　　　付帯費用　　再調達原価合計 150,000,000円＋375,000,000円＋78,800,000円＝603,800,000円

■　減価修正

①土地	更地価格　　　減価率　土地減価額 150,000,000円　×　0％　＝　0円
②建物	(a) 耐用年数に基づく方法（定額法）　　　耐用年数に基づく方法による減価額 躯体　建物再調達価格（1－残価率）躯体割合　経過年数／(経過年数＋経済的残存耐用年数)　減価額 375,000,000円　×100％　×35％　×10年　/　50年　＝26,250,000円 仕上　建物再調達価格（1－残価率）仕上割合　経過年数／(経過年数＋経済的残存耐用年数)　減価額 375,000,000円　×100％　×35％　×10年　/　35年　＝37,500,000円 設備　建物再調達価格（1－残価率）設備割合　経過年数／(経過年数＋経済的残存耐用年数)　減価額 375,000,000円　×100％　×30％　×10年　/　15年　＝75,000,000円
	(b) 観察減価法 建物再調達価格－(a)　観察減価率　観察減価法による減価額 236,200,000円　×　0％　＝　0円

	(c) 建物減価額合計 耐用年数に基づく方法　観察減価法　建物減価額合計 138,800,000円　＋　0円　＝138,800,000円
③付帯費用	付帯費用　減価率　付帯費用減価額 78,800,000円 × 10年/50年 ≒ 15,800,000円
④一体	一体減価前の積算価格　一体減価率　一体としての減価額 449,200,000円　×　0％　＝　0円
⑤合計	土地減価額　建物減価額　付帯費用減価額 0円　＋　138,800,000円　＋　15,800,000円 一体としての減価額　減価額合計 ＋　0円　＝　154,600,000円

■　積算価格

再調達原価　減価額合計
603,800,000円　－　154,600,000円　＝　449,200,000円

積算価格	449,000,000円

9 収益還元法

不動産から生み出されると期待される純収益の現在価値の総和を求めて，対象不動産の価格を求める手法です。この手法によって求められた価格を収益価格といいます。収益性の観点から求める，インカムアプローチの手法です。

賃貸マンション，オフィスビル，商業施設など第三者に賃貸し賃料を得ている不動産について収益還元法を適用します。ホテルやシニア施設などのオペレーショナルアセットでも，建物所有者と施設運営者が別法人で賃料を支払っている場合や，同一法人で賃料の支払いがなくても第三者に賃貸することを想定し，適切な賃料水準を把握することで適用可能です。

収益還元法には，DCF法と直接還元法があり併用することが求められます。

	DCF法	直接還元法
概要	分析期間の純収益の現価の総和に分析期間終了時の不動産の復帰価格を加算して求める方法	単年度の純収益を還元利回りで還元して求める方法
式	各期の純収益の現在価値の合計＋予測期間終了時の復帰価格の現在価値	純収益÷還元利回り
利回り	割引率，最終還元利回り	還元利回り
メリット	分析期間中の収支の変動予測をキャッシュフローに反映することができる。	単年度の純収益と還元利回りで簡便に求めることができる。
デメリット	収支の変動予測に恣意性が入る余地があり客観性の担保が求められる。	純収益の変動は還元利回りに織り込まれることになるので，適切に利回りに反映されているか検証が必要。

1　直接還元法

直接還元法は単年度の純収益を還元利回りで還元して求める方式です。計算式は単年度の純収益を還元利回りで除して求めるため，簡便で適用しやすいといえます。

（1）　運営収益

運営収益を構成する項目としては以下のものが挙げられます。

①　賃料収入（家賃・地代）

実際に支払われている家賃，地代を計上しますが，周辺の賃料相場と比較して高い又は低い場合にはテナント退去後や賃料増減額請求によって相場水準に戻る可能性があります。入居者の退去や増額請求の受け入れなど，実現の蓋然性に応じて賃料を想定することが必要です。空室の場合には，周辺の賃料相場で入居するものとして賃料収入を計上します。

②　共益費・管理費・水道光熱費

賃料収入以外の名目で賃貸人が受け取る収入になります。これらは維持管理，水道光熱費に充てられるもので，支出された実費を超える部分がネットの収入になります。

③　礼金・更新料

賃借人が支払うものには，権利金，礼金，敷金，保証金，更新料，建設協力金など様々な名目で一時期に支払われるものがあり，これを一時金と呼んでいます。本項目は，賃借人に返還を要しない一時金を指しています。直接還元法では契約期間にわたって均等償却するよう計算します。

④　駐車場使用料

所有者が自主的に付置するほか，自治体の条例等の規定によって一定規模以上の建物を建築する場合に規定された台数の駐車場を付置することが求められることがあります。建物の敷地内に規定台数を確保できない場合には，周辺土地を賃借によって確保しますが，当該収支は建物の遵法性確保に必要なものとして計算上含めます。

⑤　広告看板料・アンテナ設置料等

不動産に付帯する構築物等から発生する収入を計上します。

⑥　空室等損失・貸倒損失

それぞれの収入に対して空室等に伴う減少分を計上します。

(2)　運営費用

運営費用を構成する項目としては以下のものが挙げられます。

①　修繕費

建物の状態を維持するための費用をいいます。建物の品等，用途，築年数によって異なってきます。修繕のトラックレコード，エンジニアリングレポートなどから適正な金額を判断します。

②　維持管理費，PM フィー，テナント募集費

管理業務の範囲は，主に PM（プロパティマネジメント），BM（ビルマネジメント，ビルメンテナンス），LM（リーシングマネジメント）に分かれています。管理委託契約書や業務報告レポートを確認して，それぞれにかかった費用を計上します。自主管理の場合は類似不動産の水準を参考にして推定します。

・PM（PM フィー）：賃料回収，滞納者への督促，工事発注，管理報告など物件管理におけるソフト面の業務を指します

・BM（維持管理費）：清掃，設備管理，警備，防災管理など物件管理におけるハード面の業務を指します

・LM（テナント募集費）：テナントの誘致に関する業務を指します。

③　公租公課

土地，建物，償却資産にかかる固定資産税，都市計画税を計上します。

④　水道光熱費

過去の実績値等を参考に計上します。

⑤　損害保険料

契約金額等を参考に計上します。

(3)　一時金の運用益

賃借人に返還される預り金的性格を有する一時金について，預かり期間中の運用益を計上します。返還準備金として銀行等に預け入れる前提の運用利回りとするか，不動産事業資金として運用する前提の運用利回りとするかで異なりますが，事業資金前提の方が高くなります。地価公示にかかる鑑定評価で採用される運用利回りは１％です。

(4)　資本的支出

修繕費が建物の維持管理，原状回復のための支出であることに対して，資本的支出は建物の耐用年数を延長させる，価値を増加させる支出をいい，マンションの大規模修繕工事などが該当します。エンジニアリングレポートの長期修繕計画を参考に積立金として不足のない金額を計上します。

(5)　純収益

運営収益から運営費用を差し引いたものを運営純収益（ネットオペレーティングインカム，NOI）といい，運営純収益に一時金の運用益を加算，資本的支出を控除したものを純収益（ネットキャッシュフロー，NCF）といいます。会計上の利益との違いは，会計上では減価償却費が計上されますが，これは建築投資額を法定耐用年数にわたって償却し費用計上するもので，現金支出を伴いません。一方，純収益は将来実施される資本的支出を積み立てるもので，現金支出を前提にしています。

（6） 還元利回り

利回りと一言にいっても，総収入に対する利回りなのか，NOIに対するものなのか，NCFに対するものなのか，不動産価格とそれに対応する収入・収益を明確にしなければ利回りを比較し分析することはできません。不動産プレーヤーの間で一般的に聞かれる利回りは以下が挙げられます。

満室時表面利回り	$\dfrac{\text{満室前提の賃料収入}}{\text{不動産価格}}$
表面利回り	$\dfrac{\text{賃料収入}-\text{空室等損失}}{\text{不動産価格}}$
NOI利回り	$\dfrac{\text{運営収益}-\text{運営費用}}{\text{不動産価格}}$
NCF利回り	$\dfrac{\text{運営純収益}+\text{一時金の運用益}-\text{資本的支出}}{\text{不動産価格}}$

鑑定評価における還元利回りは，ネットキャッシュフローを還元するものであるためNCF利回りになります。還元利回りを求める方法は，類似の不動産の取引事例との比較から求める方法など複数の方法があり，案件に応じて適用します。また，一般財団法人日本不動産研究所が半期に一度公表している不動産投資家調査では，期待利回りと取引利回りが掲載されています。投資家が期待する採算性を計算する際に期待する利回りが期待利回り，実際に市場での取引水準を反映して想定する利回りが取引利回りになり，「期待利回り＞取引利回り」となっています。こちらの利回りは，純収益はNOIをベースにしているという点に注意して参考にします。

J-REIT物件は，取得時や決算時に鑑定評価を取得します。投資法人が公表する資料には還元利回りを開示していますので，これを参考に比較することも有効です。J-REIT物件は都市圏の比較的築年数が新しくハイスペックの建物であり，資産規模も大きいものが多いため，取引における市場参加者は多額の資金を運用するファンドなどが想定する利回りであることに留意する必要があります。

〔J-REIT の利回り事例〕

投資法人が保有し東京都千代田区神保町に所在する賃貸レジを調べると5件ありました。鑑定評価額は10億～20億円で，神保町エリアの還元利回りは3％台と分かります。

	物件名	所在地	保有法人	竣工日	鑑定評価額	還元利回り	割引率	最終還元利回り
1	カスタリア神保町	東京都千代田区神田神保町 2-40-8	大和ハウスリート投資法人	2004/5/7	1,680,000千円	3.6％	3.4％	3.7％
2	コンフォリア神田神保町	東京都千代田区神田神保町 1-42-2	コンフォリア・レジデンシャル投資法人	2005/9/1	1,900,000千円	3.4％	3.2％	3.6％
3	レジディア九段下	東京都千代田区神田神保町 2-23	アドバンス・レジデンス投資法人	2004/3/9	2,950,000千円	4.0％	3.8％	4.2％
4	レジディア九段下Ⅱ	東京都千代田区神田神保町 3-7	アドバンス・レジデンス投資法人	2012/1/1	2,060,000千円	3.5％	3.3％	3.6％
5	プライムメゾン神保町	東京都千代田区神田神保町 1-50-9	積水ハウス・リート投資法人	2013/3/1	2,070,000千円	3.8％	3.6％	4.0％

（各投資法人の IR 資料より筆者作成）

〔直接還元法の査定表〕

（円）

直接還元法		査定値
貸室賃料収入　(a)		24,500,000円
	（参考）総賃貸可能面積	450m^2
共益費収入　(b)		1,600,000円
(共益費込み貸室賃料収入)（c）＝(a)＋(b)		26,100,000円
水道光熱費収入　(d)		0円
駐車場収入　(e)		1,000,000円
その他収入　(f)		300,000円
①＝(c)＋(d)＋(e)＋(f)		27,400,000円
空室等損失　(g)		1,305,000円
貸倒損失　(h)		0円
運営収益　②＝①－(g)－(h)		26,095,000円
維持管理費　(i)	賃貸可能床面積１坪当たり月額○円と査定	522,000円
水道光熱費　(j)	賃貸可能床面積１坪当たり月額○円と査定	261,000円
修繕費　(k)	エンジニアリングレポートを参考に査定	843,000円
プロパティマネジメントフィー（l）	賃貸収入等の○%を計上	776,000円
テナント募集費用等　(m)	新規入居テナントの○か月分を計上	908,000円
公租公課　(n)	○年度実績額	1,400,000円
損害保険料　(o)	実額を計上	52,000円
その他費用　(p)		100,000円
運営費用　③＝(i)＋(j)＋(k)＋(l)＋(m)＋(n)＋(o)＋(p)		4,862,000円
運営純収益　④＝②－③		21,233,000円
一時金の運用益　(q)	運用利回り○%	38,000円
資本的支出　(r)	エンジニアリングレポートを参考に査定	780,000円
純収益　⑤＝④＋(q)－(r)		20,491,000円
還元利回り　⑥	類似不動産の還元利回り等を参考に査定	5.5％
直接還元法による収益価格　⑦＝⑤÷⑥		373,000,000円

2 DCF 法

DCF 法は，予測期間にわたって発生するキャッシュフローを割引率で割り引いた現在価値の総和と予測期間終了時の復帰価格の現在価値を合計して求めます。キャッシュフローの予測期間は，予測の確からしさが確保できる 5 年から 10 年の間で選択されることが多いです。

〔DCF 法のイメージ〕

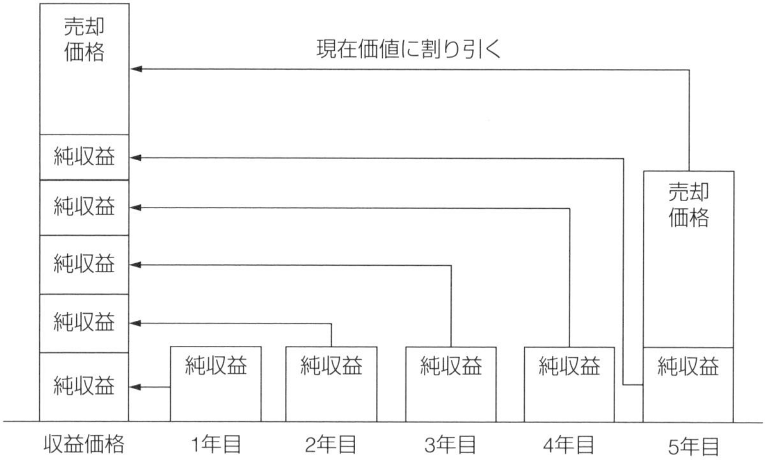

(1) 割引率

割引率はキャッシュフローを現在価値に割り引くための利回りです。割引率を求める方法は，①類似の不動産の取引事例との比較から求める方法，②借入金と自己資金に係る割引率から求める方法，③金融資産の利回りに不動産の個別性を加味して求める方法があります。取引事例との比較から求める場合には，還元利回りと同様に J-REIT の公表資料から比較することができます。

(2) 最終還元利回り

復帰価格は予測期間満了時の不動産価格をいい，最終還元利回りは復帰価格を求める際に予測期間終了時の翌年又は標準化された純収益を還元する際の利回りになります。還元利回りが現時点の利回りであるのに対して，最終還元利回りは予測期間満了時まで建物の老朽化や将来予測を含んでいます。

〔DCF 法の査定表〕

（円）

直接還元法	1	2	3	4	5	6	7	8	9	10	11	標準化
貸室賃料収入（a）	24,500,000	24,500,000	24,500,000	24,255,000	24,255,000	24,255,000	24,012,450	24,012,450	24,012,450	24,012,450	24,012,450	24,012,450
共益費収入（b）	1,600,000	1,600,000	1,600,000	1,600,000	1,600,000	1,600,000	1,600,000	1,600,000	1,600,000	1,600,000	1,600,000	1,600,000
（共益費込み貸室賃料収入）（c）＝（a）＋（b）	26,100,000	26,100,000	26,100,000	25,855,000	25,855,000	25,855,000	25,612,450	25,612,450	25,612,450	25,612,450	25,612,450	25,612,450
水道光熱費収入（d）	0	0	0	0	0	0	0	0	0	0	0	0
駐車場収入（e）	1,000,000	1,000,000	1,000,000	1,000,000	1,000,000	1,000,000	1,000,000	1,000,000	1,000,000	1,000,000	1,000,000	1,000,000
その他収入（f）	300,000	300,000	300,000	300,000	300,000	300,000	300,000	300,000	300,000	300,000	300 000	300,000
①＝（c）＋（d）＋（e）＋（f）	27,400,000	27,400,000	27,400,000	27,155,000	27,155,000	27,155,000	26,912,450	26,912,450	26,912,450	26,912,450	26,912,450	26,912,450
空室等損失（g）	1,305,000	1,305,000	1,305,000	1,292,750	1,292,750	1,292,750	1,280,623	1,280,623	1,280,623	1,280,623	1,280,623	1,280,623
貸倒損失（h）	0	0	0	0	0	0	0	0	0	0	0	0
運営収益 ②＝①－（g）－（h）	26,095,000	26,095,000	26,095,000	25,862,250	25,862,250	25,862,250	25,631,828	25,631,828	25,631,828	25,631,828	25,631,828	25,631,828
維持管理費（i）	522,000	522,000	522,000	522,000	522,000	522,000	522,000	522,000	522,000	522,000	522,000	522,000
水道光熱費（j）	261,000	261,000	261,000	261,000	261,000	261,000	261,000	261,000	261,000	261,000	261,000	261,000
修繕費（k）	843,000	843,000	843,000	843,000	843,000	843,000	843,000	843,000	843,000	843,000	843,000	843,000
プロパティマネジメントフィー（l）	776,000	776,000	776,000	776,000	776,000	776,000	776,000	776,000	776,000	776,000	776,000	776,000
テナント募集費用等（m）	908,000	908,000	908,000	908,000	908,000	908,000	908,000	908,000	908,000	908,000	908,000	908,000
公租公課（n）	1,400,000	1,386,000	1,386,000	1,386,000	1,372,100	1,372,100	1,372,100	1,358,400	1,358,400	1,358,400	1,358,400	1,358,400
損害保険料（o）	52,000	52,000	52,000	52,000	52,000	52,000	52,000	52,000	52,000	52,000	52,000	52,000
その他費用（p）	100,000	100,000	100,000	100,000	100,000	100,000	100,000	100,000	100,000	100,000	100,000	100,000
運営費用 ③＝（i）＋（j）＋（k）＋（l）＋（m）＋（n）＋（o）＋（p）	4,862,000	4,848,000	4,848,000	4,848,000	4,834,100	4,834,100	4,834,100	4,820,400	4,820,400	4,820,400	4,820,400	4,820,400
運営純収益 ④＝②－③	21,233,000	21,247,000	21,247,000	21,014,250	21,028,150	21,028,150	20,797,728	20,811,428	20,811,428	20,811,428	20,811,428	20,811,428
一時金の運用益（q）	38,000	38,000	38,000	38,000	38,000	38,000	38,000	38,000	38,000	38,000	38,000	38,000
資本的支出（r）			780,000	780,000	780,000	780,000	780,000	780,000	780,000	780,000	780,000	780,000
純収益 ⑤＝④＋（q）－（r）	20,491,000	20,505,000	20,505,000	20,272,250	20,286,150	20,286,150	20,055,728	20,069,428	20,069,428	20,069,428	20,069,428	20,069,428
複利現価率（s）	0.9497	0.9019	0.8565	0.8134	0.7724	0.7336	0.6966	0.6616	0.6283	0.5966		
現在価値 ⑥＝⑤×（s）	19,459,639	18,492,815	17,562,028	16,488,778	15,669,595	14,880,907	13,971,397	13,277,246	12,608,971	11,974,331		
現在価値の合計（t）		154,385,707										
DCF 法による収益価格（t）＋（w）		360,000,000										

各年の純収益を現在価値に割引きます。

10 年間の純収益の合計

10 年後の収益価格から売却費用を控除して復帰価格を求めます

売却価格（u）＝標準化純収益÷（x）	352,095,219	最終還元利回り及び保有期間満了時における純収益の予測等から判断。
売却費用（v）	7,041,904	売却価格の２％相当額を要するものと予測
復帰価格（u）－（v）	345,053,315	
復帰価格現在価値（w）	205,874,469	
割引率	5.3％	類似不動産の取引に係る割引率，他の金融商品に係る利回りとの比較等から査定
最終還元利回り（x）	5.7％	還元利回りに対する保有期間満了時における対象不動産の市場性等を考慮して査定

標準化純収益と最終還元利回りから10 年後の収益価格を求めます。

、10 年間の現在価値と予測期間満了時の復帰価格の合計が収益価格になります

割引率をもとに純収益の現在価値を求める係数である複利現価率を算出します

10 不動産の賃料を求める鑑定評価の手法

不動産の賃料を求める鑑定評価の手法は，新規賃料にあっては積算法，賃貸事例比較法，収益分析法等があり，継続賃料にあっては差額配分法，利回り法，スライド法，賃貸事例比較法があります。

新規賃料は新規に賃貸借契約を締結する際の賃料ですので，共同住宅やオフィスであれば募集事例など情報が得やすく相場を把握しやすいといえます。一方で，工場，シニア施設，ホテル又は土地など個別性が強く，類似の事例の収集が困難なアセットの場合には鑑定評価を活用して賃料を把握することが有効となります。

継続賃料は既に締結された賃貸借契約における賃貸人と賃借人間で価格時点において成立する賃料を求めるもので，賃料増減額請求の交渉や賃料の争訟の場面などで用いられる賃料です。賃貸借が開始すると地価変動や経済環境の変化があったとしても都度賃料改定を行うことなく時が経過し，この結果市場賃料と実際の賃料に乖離が生じてしまいます。賃料改定を要求しても相手方の同意が得られる保証はありません。鑑定評価を取得して相手方との交渉材料としたり，調停，裁判の場面で証拠書類として提出することがあります。

11 企業価値評価と不動産鑑定評価

企業価値評価と不動産鑑定評価は，評価する対象は異なりますが，価値形成にかかる要因分析や評価手法は似た視点からアプローチしていることが多くあります。

1 価値を形成する要因

企業価値でも不動産価値でも，社会情勢や景気といった要因から始まり，対象会社・不動産の個別の要因に徐々に分析を掘り下げていく点で分析の順序は似ています。

企業価値評価	
一般的要因	価値形成要因のうちマクロ的要因をいう。 （社会的要因，政治，経済，景気，法令等）
業界要因	対象会社が属する業界に起因する要因をいう。 （業界のライフサイクルのステージ，業界再編，株価動向，同業他社の経営戦略，業績動向等）
企業要因	対象会社に起因する要因をいう。 （業種，規模，ライフサイクルのステージ，経営戦略・計画，収益性，財政状況，配当政策等）
株主要因	対象会社の株主に起因する要因をいう。 （株主構成，株主関係，株式の種類，譲渡制限等）
目的要因	企業価値評価の目的によって価値形成要因が異なる。 （取引目的，裁判目的等）

（日本公認会計士協会　企業価値評価ガイドラインより作成）

不動産鑑定評価	
一般的要因	一般経済社会における不動産とその価値に影響を与える要因をいう。(自然的要因，社会的要因，経済的要因，行政的要因)
地域要因	その地域に属する不動産の価格形成に影響を与える要因をいう。(街路条件，交通接近条件，環境条件，行政的条件等)
個別的要因	対象不動産に個別性を生じさせ，価格を個別的に形成する要因をいう。(土地の場合は，街路条件，交通接近条件，環境条件，行政的条件，画地条件等。建物の場合は，築年数，規模，構造，品等（設備・仕様）等)

2　評価アプローチと評価法

評価のアプローチは一般的には収益性，市場性，費用性の観点から3つのアプローチに分類されます。評価手法にはそれぞれ一長一短があり，成長企業と成熟企業では適切なアプローチは異なるものであり，必ず全てのアプローチを採用すべきとはなっていません。不動産でも住宅地の戸建住宅にインカムアプローチを適用する必要がないことと同じです。

評価アプローチ	企業価値評価	不動産鑑定評価
インカムアプローチ	DCF法 収益還元法	DCF法 直接還元法
マーケットアプローチ	市場倍価法 類似会社比較法 類似取引比較法	取引事例比較法
ネットアセットアプローチ(コストアプローチ)	簿価純資産法 修正簿価純資産法 時価純資産法	原価法

3　評価額の決定

企業価値評価では，継続企業を前提にしている場合には，継続して事業から生み出される利益に基づいて価値が算出されるDCF法で評価額が決定されることが多いです。

一方で，中小企業のM&Aでは，年買法という手法で売り希望価格決定の根拠として説明されることがあるようです。年買法は，純資産に営業利益（EBITDAの場合もあります）の数倍（業種によって2～5倍程度と幅があります）を足し合わせて算定します。資産に不動産が含まれる場合には帳簿価格ではなく時価に評価替えした時価純資産としています。企業の純資産とのれんが考慮されていて簡便に適用することができる便利な手法で，取引金額が小さく企業評価の手間を小さくしたいM&Aアドバイザーにはよいのかもしれません。時々このような評価をみる機会がありますが，不動産価格の根拠が不明であったり，収益不動産を収益還元法で査定してさらに営業利益として不動産収益を5年分乗せて割高な価格になっていたり，理論的ではないように感じるケースもありますので，内容についてはよく検討する必要があります。

12 鑑定評価活用の具体例

1　介護事業のM&Aに伴い土地を購入した事例

千葉県で30年間，介護事業を1か所運営する企業があり，M&Aによって第三者への譲渡を検討していました。介護事業を行っている建物は法人が所有しており，土地は法人の社長個人が所有するもので法人が賃借していました。介護事業自体の経営状態は良好で，M&Aアドバイザーの金融機関が承継先を探索したところ，千葉県下で事業拡大したい同業者が承継の意向を示し，具体的な価格の提示までしてきました。

介護収入から人件費などの経費を差し引いた利益をベースに企業の買収希望価格を算定していましたが，社長個人が所有する土地の買取価格が問題になりました。

買主の希望は，相続税路線価を参考に地域の借地権割合である40％を前提に更地価格の60％を土地価格として取引したいということでした。しかし，売主としては土地賃貸借契約書には賃貸借契約終了時に無償で土地を返還するという無償返還条項が規定され，かつ税務署に無償返還届出書も提出されており，無償返還届出書が提出されている場合の借地権割合は20％とされていることから，土地価格は更地価格の80％とすることが妥当という主張でした。アドバイザーの意見として，第三者である不動産鑑定士による鑑定評価を依頼して合意できる金額であれば売買してはどうかと提案がなされ，鑑定評価を実施することになりました。

不動産鑑定士は相続税にかかる財産評価基準書の借地権割合ではなく，契約締結の経緯，契約期間，地代水準，一時金の授受の有無，周辺の取引事例の取引価格等を分析し，各評価手法を適用して鑑定評価額は更地価格の 70 %と査定しました。

買主が希望する価格であれば社長は土地売買に応じることはなかったでしょうが，不動産鑑定士による公正中立な第三者の立場から適正な価格を算定し，説得力のある説明を受けることで，双方納得して合意できる価格で取引を成立することができました。

〔土地取引の概要〕

〈前提条件〉

・土地：2,000m^2
・土地単価：150,000 円／m^2
・更地価格：3 億円
・財産評価基準書の借地権割合：40 %
・無償返還届出書：提出済み

〈買主の希望価格〉

更地価格		底地割合		土地価格
3 億円	×	60 %	＝	1.8 億円

〈売主の希望価格〉

更地価格		底地割合		土地価格
3 億円	×	80 %	＝	2.4 億円

〈売買価格（鑑定評価額）〉

更地価格		底地割合		土地価格
3 億円	×	70 %	＝	2.1 億円

2　セール＆リースバックで建物を借り受ける事例

本件は，東京都で製造業を営んでいる企業があり，後継者が不在とのことで M&A による事業の引継ぎを検討していました。土地は自社所有で，敷地内には製造工場と事務所棟が建っていました。製造品は国内外のメーカーに出荷され業績は好調でした。従業員の雇用継続と取引先との関係継続は必須条件で買主を探索していたところ，国内メーカーが製造の内製化を目的として買収に興味を示しました。

DDを行い，事業の引継ぎには問題がないことが確認されたのですが，不動産を引き継ぐかどうかが問題になりました。土地は東京都内の湾岸部でマンション用地にもなる立地で，昨今のマンション用地不足を反映して土地価格は上昇傾向にありました。これを時価で引き継ぐとなると買主の財務へのインパクトが大きく，できれば引き継がない方向で検討したいという意向でした。売主の社長に不動産を購入するだけの資力がなかったため，不動産のみを購入してくれる企業を見つけて対象会社に賃貸することを計画しました。

土地，建物の新規賃料と売却価格の設定に当たって，鑑定評価を依頼することになり，マンション用地としてではなく現状利用を前提とする価格を算出し，その価格に対応する期待利回りから賃料を導き出しました。幸い不動産を取得したいという企業が現れ，若干の交渉は必要になったものの価格と賃料について合意が得られました。

不動産の資産価値は高いものの，本業の資金効率や経営指標の悪化を招く可能性があり，必ずしも不動産の承継に前向きなケースばかりではありません。その場合，別途不動産の保有者を探してきて，不動産を引き継いでもらうことが解決方法の１つとなります。その際に鑑定評価を取得することは，売買双方のスムーズな交渉に役立つものといえます。

また，マンションやオフィスの賃料は，インターネットで検索すればおよその相場観をつかむことができます。しかし，工場，自社ビルといった所有する企業独自の仕様になっていて，かつ比較できる事例が乏しい場合には鑑定評価の活用が有効になります。

〔取引の仕組み〕

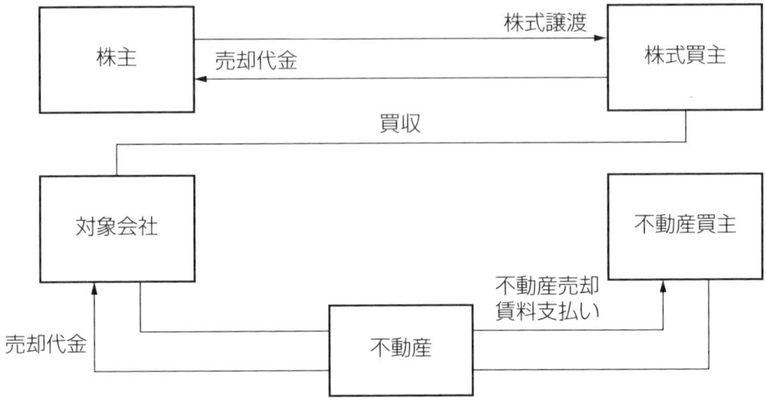

第7章

農地林地の調査

企業が保有する資産について，宅地と比較して農地，林地が含まれている割合は低く，経済価値が低いという傾向があります。しかし，宅地化の可能性があれば経済価値は増加することになります。調査する農地・林地がどのような公法上の制約を受けているか，価格水準がどの程度となるのか，主要な事項について説明します。

1 農地

1 農地の調査

農地は農地法等の規制によって，宅地に比べて売買や利用について厳しい制限が課されています。調査対象に農地が含まれる場合には，適正な手続を経た取引，利用がなされているか調査することが重要となります。

2 農地法による規制

農地の権利移動，転用については農地法3条，4条，5条で制限されています。

農地法3条により，農地を所有することができる法人は農地所有適格法人（公開会社ではない株式会社，農事組合法人，持分会社）であり，主たる事業が農業である等の要件を満たす必要があります。なお，農地の賃借であれば農地所有適格法人の要件を満たす必要はありません。

所有権の移転を伴わない自己所有の農地を農地以外の土地にする場合は農地法4条により，所有権の移転を伴って農地を農地以外の土地にする場合は農地法5条により，それぞれ都道府県知事（指定市町村の区域内にあっては，指定市町村の長）の許可が必要となります。一般的なスケジュールとしては農地転用の申請をしてから許可が下りるまで1か月以上かかります。

登記簿上の地目が田，畑となっている土地であっても，現況が駐車場や資材置き場となっていることがあります。地目に変更があったときは1か月以内に変更登記を申請しなければならないとされています。実際には変更登記の申請がされていない状態で放置されていることもあり，転用許可を取得しているかを調査する必要があります。違反転用が発見された場合には，是正指導や勧告が行われ，現状回復のための費用が生じることがあります。

	農地法 3 条	農地法 4 条	農地法 5 条
制限内容	農地の権利移動	農地の転用	農地の転用を目的とした権利移動
許可権者	農業委員会の許可	都道府県知事（指定市町村の区域内にあっては，指定市町村の長）の許可	都道府県知事（指定市町村の区域内にあっては，指定市町村の長）の許可

3　農地転用許可制度

農地転用許可制度は優良農地を確保するため，農地を 5 つに区分し農地の転用に関する基準を設けています。転用が原則不許可となっている農地区分であれば，その利用については農地に限られるという前提で所有することを考えなければなりません。

農地区分	農地の概要	転用許可
農用地区域内農地 （生産性の高い優良農地）	市町村が定める農業振興地域整備計画において農用地区域とされた区域内の農地	原則不許可
甲種農地 （生産性の高い優良農地）	市街化調整区域内の ・農業公共投資後 8 年以内農地 ・集団農地で高性能農業機械での営農可能農地	原則不許可 （例外あり）
第 1 種農地 （生産性の高い優良農地）	・集団農地（10 ヘクタール以上） ・農業公共投資対象農地 ・生産力の高い農地	原則不許可 （例外あり）

第２種農地 （小集団の未整備農地又は市街地近郊農地）	・農業公共投資の対象となっていない小集団の生産力の低い農地 ・市街地として発展する可能性のある区域内の農地	周辺の他の土地で代替できない場合等に許可
第３種農地 （市街地の農地）	・都市的整備がされた区域内の農地 ・市街地にある区域内の農地	原則不許可

（農林水産省ホームページより作成）

4　農地ナビの活用

一般社団法人全国農業会議所が運営する農地ナビは，市町村及び農業委員会が整備する農地台帳等の農地情報をインターネットに公表しているサイトです。正確な情報は農業委員会（農政課）で調査することになりますが，農地の大まかな位置，規模，形状を地図上で確認できるほか，以下の情報を確認することができるため，初期調査として活用できます。

〔全国農地ナビにより公表する農地情報〕

・所在・地番，地目（田，畑など），面積
・農業振興地域の整備に関する法律や都市計画法の地域区分
・所有者の農地に関する意向（貸したい，売りたいなど）
・耕作者ごとに付番した整理番号
・賃借権等の権利の種類とその存続期間
・農地中間管理機構の権利取得や転貸の状況
・遊休農地の判断と措置の実施状況

〔農地ナビの画面〕

（出所：全国農業委員会ネットワーク機構　eMAFF 農地ナビ）

5　農地の価格水準の把握

現況が農地であるからといって，価格水準は耕作を目的とした農地の価格とは限りません。対象土地が宅地化の影響を受けた地域に存し，農地転用許可の取得が可能で宅地に転用することができるのであれば，宅地価格から宅地化に要する時間，造成費等を考慮した価格となります。なお，農地の価格について以下の資料などを参考として農業委員会やJA等のヒアリングによって情報収集することが望ましいです。

参考となる価格	概要
田畑価格及び賃借料調 （一般財団法人日本不動産研究所）	農地を農地として利用する売買の価格及び賃借料を調査
田畑売買価格等に関する調査結果 （一般社団法人全国農業会議所）	耕作目的の売買価格と転用目的の売買価格を調査 都道府県別に10アール当たりの価格を表示
土地総合情報システム （国土交通省）	個々の取引事例について特定されない範囲で取引価格，地積等を公表
相続税評価額	耕作・利用単位となる一団の農地ごとに評価 評価上の区分として，①市街地農地，②市街地周辺農地，③中間農地，④純農地に分けられ，宅地の価額を基にする宅地比準方式（①②）と固定資産税評価額に倍率を乗じる倍率方式（③④）によって評価

2 林地

1 林地の調査

調査対象に森林が含まれる場合には，森林法の規制を受ける地域森林計画対象民有林，保安林に該当するかどうかを確認する必要があります。また，森林法の制限を受けない場合でも，市街化調整区域に存する場合には建築の制限等が課されることになりますので，地価に影響を与える土地利用制限の有無と宅地利用の可能性について調査します。

2 地域森林計画対象民有林

森林法5条に基づいて，都道府県知事は森林計画区にかかる民有林について5年ごとに10年を1期とする地域森林計画を立てることになっています。対象地が地域森林計画対象民有林に該当する場合には，立木の伐採や開発行為を行うに当たって市町村長への届出や都道府県知事の許可が必要になります。

地域森林計画対象民有林に該当しているか調べるには，都道府県，市町村の担当部署で備えている森林計画図やウェブ上の公開情報で確認をします。

3 保安林

保安林とは，水源のかん養，土砂の流出・崩壊の防備など，公共の目的を達成するため必要があるときは，農林水産大臣又は都道府県知事によって指定される森林です。保安林は都道府県知事の許可を受けなければ，立木・立竹の伐採，立木の損傷，家畜の放牧，下草・落葉・落枝の採取，土石・樹根の採掘，開墾その他の土地の形質を変更する行為をしてはならないとされています。

保安林に該当しているか調べるには，都道府県の担当部署で備えている保安林台帳で確認をします。なお，登記簿の地目が保安林になっていることがありますが，地目が山林であっても一部が保安林となっている場合もあるため注意が必要です。

4 位置の特定

林地の位置を特定するためには，所有者に現地を案内してもらい所在を確認します。境界の目印として，境界杭が打たれていることもありますし，周辺と樹種の異なる立木が植えてあったり，石が置かれていることがあります。

確認資料としては，法務局では公図，地積測量図，役所では国土調査が終わっている場合には地籍図，課税で用いられる字図，森林基本図，森林計画図，地形図を入手して，重ね図を作成して位置を特定します。

5 林地の価格水準の把握

一般的に林地の取引は少なく，相場を把握できるほどの取引件数はありません。利用価値がなければ売却することさえ難しく，自治体に寄付したいと申し出ても謝絶されてしまいます。林業事業者など山林のままでも購入したい需要者のほか，宅地，風力・太陽光発電用地，リゾート・レジャー関連施設用地などへの転用が可能な林地であれば需要者は想定しやすいといえます。価格水準としては地価調査の林地の区分を参考とすると，「都市近郊林地＞農村林地＞林業本場林地・山村奥地林地」の順で地価は低くなっていきます。

参考となる価格	概要
地価公示の現況林地	現況林地とは市街化調整区域内における用途の転換の可能性を持つ林地
地価調査の林地	都市近郊林地（宅地化の影響を受けている林地），農村林地（農村集落周辺の林地，里山），林業本場林地（林業を経営する林地），山村奥地林地（不便な山村奥地の林地）に区分
山林素地及び山元立木価格調（一般財団法人日本不動産研究所）	林地を林地として利用する売買の価格及び利用材積の価格を調査
土地総合情報システム（国土交通省）	個々の取引事例について特定されない範囲で取引価格，地積等を公表
相続税評価額	評価上の区分として，純山林，中間山林，市街地山林に分けられ，純山林，中間山林は固定資産税評価額に倍率を乗じる倍率方式，市街地山林は倍率方式又は宅地の価額を基にする宅地比準方式によって評価

第8章

不動産M&A

企業が保有する資産のうち収益不動産や開発用不動産が多くを占めている場合，その保有不動産の取得を目的としてM&Aが行われることがあり，不動産売買とは異なる取引上のポイントがあります。本章では不動産M&Aといわれる不動産に着目したM&A取引について大まかな流れとポイントについて説明します。

1 不動産 M&A とは何か

賃貸不動産を保有して，これを賃貸・運用することをメインにしている会社の事業承継に当たって，不動産を売却するのではなく，不動産保有会社そのものを第三者に譲渡することがあります。保有する不動産の価値に着目して不動産保有会社を取得して事業拡大・シナジー効果を発揮することを主な目的とする M&A を不動産 M&A と呼びます。

1 不動産の老朽化の問題

高度経済成長期からバブル経済にかけてオフィスビルやマンションなど建築が盛んに行われ日本の経済を支えてきました。その後，現在に至る間に全ての建物について適切な修繕，建替えが行われたわけではなく，時の経過ともに老朽化したままのものも多くあります。老朽化した建物を保有する会社の中には，大規模修繕やリニューアル工事のため金融機関等から

法人等の非住宅建築物延床面積

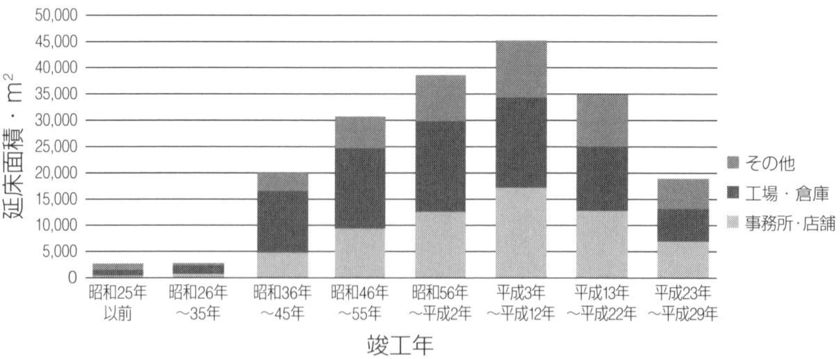

（国土交通省建築物ストック統計より作成）

資金調達することを検討するものの，後継者不在という事業承継の問題があり前に進めなくなっている事情を持っている場合があります。

2 経営者の高齢化と後継者の問題

不動産業であっても経営者の高齢化と後継者不在に起因する事業承継問題は存在しています。例として，帝国データバンクの調査によると不動産業の後継者不在率は62.8％と平均の61.5％より高くなっています。経営者に突然もしものことが起これば相続人が何も把握していない状態で会社を引き継ぐことになり経営は混乱することになるでしょう。

業種	後継者不在率（2021年）
建設	67.4％
製造	53.7％
卸売	59.1％
小売	63.7％
運輸・通信	57.6％
サービス	66.5％
不動産	62.8％
その他	50.8％
平均	61.5％

（帝国データバンク全国企業「後継者不在率」動向調査（2021年）より作成）

3 不動産M&Aの対象になる会社の特徴

業歴が長く不動産を保有している会社が対象になりやすいです。古くから不動産賃貸業を営んでいる会社，当初は別の事業を営んでいたが不動産賃貸業に業態転換した会社，本業のほか別部門で不動産部門を持っている会社などが該当します。

このような会社は不動産取得時期が古く，帳簿価格が低いため，今の時価で売却すると多額の譲渡益が発生し課税負担が重いということが共通した特徴です。

しかし，業歴が長いがゆえに会社が抱える経営上の悩みも複数あり，それぞれが簡単に解決しづらい状況に陥っているということがあります。M&Aが解決できる方法といえるか十分検討する必要があります。

(1) 株主分散

会社設立時には経営理念を共有する者同士が，出資を行い株主となったものの，相続によって次の代である子や孫に株式が引き継がれ，経営に関与しない株主に株式が分散してしまっているということがあります。経営に関与している株主グループは役員として報酬を受け取っているが，関与しないグループは配当もされていないこともあります。相続が発生して初めて株主であることを認識し，流動性の低い換金性があるか分からない株式に対して相続税を納めなければならないという気持ちから，株主間の関係悪化につながることがあります。会社が自社株として買い取るという方法や，全株主同意の下不動産M&Aで全株式を譲渡することも選択肢となります。

(2) 役員の高齢化

一例として，社長が高齢になり，サラリーマンとして勤め上げた同級生が定年退職し自由な生活を送っているのを目にすると，自身も経営から退きたいという気持ちが起こってきます。息子や娘を後継者にと期待しても，本人は既に定職がありそれなりのポジションに就き仕事は順調で畑違いの不動産賃貸業を引き継ぐ意思はないといわれます。従業員を後継者にするといっても，不動産価値を反映した株式価値は高額で金融機関からの借入れを背負っていく覚悟を持つまでには至らないことが多く，不動産 M&A による第三者承継を選択することになります。

（3） 建物の競争力低下による賃料低下・空室拡大

老舗企業であり地域の一等地に不動産を保有していることから賃貸経営としては成り立っているものの，建物の老朽化に伴う競争力の低下を補うために修繕工事やバリューアップ工事を実施しなければならないが，後継者のいない経営者には多額の資金調達を行うという大胆な決断ができないでいるケースがあります。不動産 M&A によって譲受先が持つノウハウと資金力で不動産を再生させることができるといえます。

4 不動産 M&A の選択

不動産保有会社の経営者は，自身の高齢化による引退を希望しているにもかかわらず後継者が不在であるという経営上の問題と，老朽化不動産の修繕，建替え問題を同時に抱えている状態にあります。子供たちは会社員として不動産業以外の業界で勤務していて，畑違いの不動産業を継ぐとはいわず，むしろ面倒がないように整理をしておいてほしいといわれることも多いと聞きます。

不動産売買の視点からみると，不動産を売却して廃業するという方法が一般的かもしれませんが，M&A の手法によって会社ごと不動産を譲り渡す方がメリットがあることもあるので，選択肢として検討する人が増えてきています。

2 不動産 M&A のスキーム選択

1 不動産 M&A のメリット

不動産 M&A は，主に売主側にメリットがあるために選択されることが多いです。売主のメリットは反対に買主側のデメリットとなる場合もありますが，不動産 M&A の取組みを拒んでいては貴重な不動産の取得機会を逃すことにもなりかねないので，買主は慎重に M&A での買収を検討して成約につなげています。

(1) 不動産流通税が不要

不動産売買では，不動産の移転に伴って不動産流通税（登録免許税，不動産取得税）が課されるため，買主の負担になります。不動産 M&A（株式譲渡）では不動産流通税の負担がなくなるため，その分売買価格に上乗せが可能になります。

税目	税率	不動産売買	不動産 M&A
登録免許税	土地：固定資産税評価額の 2％（ただし，軽減税率の適用時は 1.5％） 建物：固定資産税評価額の 2％	必要	不要
不動産取得税	土地：固定資産税評価額の 3％（ただし，負担調整措置の適用時は評価額は 2 分の 1） 建物：固定資産税評価額の 3％（住宅），4％（住宅以外）	必要	不要

(2) 売却手取額の違い

後継者不在による廃業を前提にした場合，不動産を売却して売却代金である現金を会社が受け取り，その後会社を清算することになります。清算に際して，会社の残余財産は株主に配当として分配されます。課税関係に着目した場合，不動産売却時に会社には不動産売却益に対して法人税が課され，さらに配当時に株主（個人株主を前提にしています）に対して所得税等がそれぞれ課されます。

不動産 M&A の場合は，株式譲渡が一般的な取引形態となりますので，個人株主の株式譲渡益に対する課税だけで済みます。不動産売却後に配当をしなければよいのではないかとも思えますが，売却代金を原資に新たな事業をすることもなく，資金を寝かせたままになり効率が悪くなってしまいます。

	不動産売却・清算	不動産 M&A （株式譲渡）
法人税等	不動産譲渡益に対して 税率約 34 %（実効税率）	—
所得税・住民税	配当所得に対して 総合課税 15 %～55 %	株式譲渡益に対して 申告分離課税 20 %

〔手取金額の比較例〕

〈前提条件〉
不動産時価 5 億円
株式譲渡価格 4 億円

■不動産売却・清算の場合
5 億円 × 34 % ＝ 1 億 7,000 万円（法人税等）
5 億円 － 1 億 7,000 万円 ＝ 3 億 3,000 万円（配当可能額）
3 億 3,000 万円 × 55 % ＝ 1 億 8,150 万円（所得税等）

3億3,000万円－1億8,150万円＝1億4,850万円（手取金額）

■不動産M&Aの場合
4億円×20％＝8,000万円（所得税等）
4億－8,000万円＝3億2,000万円（手取金額）

（※）単純化のため不動産簿価，株式取得原価はないものとします。
（※）各種控除等は考慮しないものとします。

（3） 廃業の手間がない

廃業に当たっては，従業員や取引先に廃業を知らせる必要があります。また，廃業に伴う手続きとして，解散登記，廃業届，官報公告，確定申告，清算結了登記などを士業専門家に委託して実施することになります。不動産M&Aであれば，買主側との交渉次第ではありますが，現状のままで譲り渡すことができるので，煩わしい廃業手続きは不要といえます。

2 不動産M&Aのデメリット

（1） 売却先の選択肢が狭まる

不動産売買であれば，買手となる候補者や仲介の宅建業者など参加するプレーヤーが多く存在し，間口を広く複数の候補者から提案を受けることが可能です。取引の流れも整備されていてスムーズに進行すれば，1か月から2か月程度あれば契約，決済までできることもあります。

これに対して不動産M&Aは，世の中にM&Aが浸透するに伴い手法は知られるようになりましたが，不動産取引の件数に比べて不動産保有会社のM&A取引の件数は少なく，実際に取り組んだことのあるプレーヤーも少ないのが現状です。したがって，取り組んだことがない，リスク判断ができないという理由で検討から外してしまう検討者が出てきます。

（2） 買主側の負担が大きい

売主側のメリットで選択される不動産M&Aですが，買主側にとっては通常の不動産取引以上に負担が大きくなります。まずは簿外債務，偶発債務を承継するリスクが挙げられます。創業時から不動産保有会社として不動産賃貸業を続けてきたという会社ばかりではなく，かつては宅地分譲や仲介業を行っていたり，不動産とは全く異なる製造業を営んでいたという会社もあり，その当時の取引が原因で損害賠償請求を受けるということもあり得ます。M&Aの契約書の中で，売主から補償が受けられるように規定しておくこともできますが，確実に補償が受けられるか，裁判手続を経なければならず時間と手間がかかるのであれば避けたいと考える候補者もいます。

次に，DDの負担が挙げられます。不動産DDのほかに，法務，財務，税務などのDDも行わなければなりません。弁護士や税理士への報酬のほか，買収後の会社組織体制，運営計画などを考えなければならず，検討期間と項目は格段に増えることになります。

3 不動産 M&A の流れ

不動産 M&A では，大きく分けると 4 つのステップを経て M&A 成立となります。

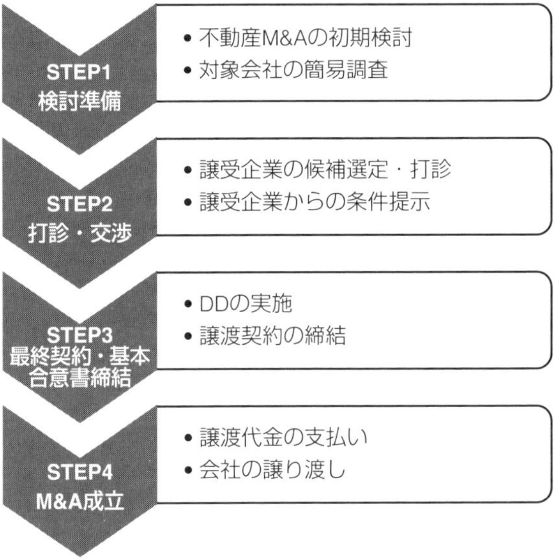

1 不動産 M&A の準備

(1) 会社の価値を高めておく

会社を売却する最適なタイミングは，会社が最も良い業績を上げた時であり，不動産保有会社の場合であれば不動産のパフォーマンスが良い時といえます。不動産が収益不動産の場合，賃料水準，稼働率，経費率，修繕履歴などから，過去のトラックレコードと現状がどのように状態にあるか，上向いているのかそれとも下降しているのかを買主は見てきます。例えば，売主が「本来ならもう少し高い賃料で募集できるから入居者が入れ変わったら収入アップしますよ」,「隣に商業施設建設の噂があって賑わいが出てくるので入居率は大幅に改善します」などと言ったとしても，もしもの話を織り込んで買主は価格を算定することはありません。そのような見込みがあるのであれば今のうちに収入アップしてから売りに出してくださいと言われてします。買主は実績を見て判断しますので，売却の方針が決まっているのであればできるだけパフォーマンスが良くなるよう努力すべきです。

家賃滞納者がいれば滞納家賃の回収，退去に向けた交渉の実施，空室率が高ければ賃料値下げやリフォームによる入居率改善，物件価値の棄損に影響する危険な老朽箇所があれば緊急修繕の実施といった対応を行う必要があります。買主は物件のマイナスポイントを発見し，物件価値から買主が適切と判断した見積金額に基づいてどんどん減額していきます。そして，購入後に自分たちでバリューアップして不動産価値を高めることになります。売主の努力でできる点については，事前に改善しておくことで有利な交渉ができるようになります。

(2)　従業員への相談

会社売却を進めていくとの方向性はオーナー自身が決めるべきところです。最初から従業員に相談したところで，従業員は自らの処遇ばかりが気になり，将来への不安から反対することもあります。したがって，M&Aを進めると決まった後に，役員に対して今後のM&A手続への協力を依頼するために決定事項として話すことがよいといえます。また，一般の従業員に対しては，条件の変更なく雇用が維持されることが多いので，クロージングのタイミングで知らせることが多いです。ただし，不動産M&Aの場合，従業員の処遇については慎重に買主と条件を詰めておくことが必要です。不動産の取得を目的とするM&Aであるため，従業員は一切必要ないという買主もいます。買主は，建物の管理，清掃は外部管理会社に外注し，経理は自社経理で実施すれば，従業員の人件費をカットすることができますので，余剰な人員を抱えません。

従業員の雇用継続を条件にする場合，売却価格に影響が出ますし，買主も限定されることが予想されます。従業員に対しては，オーナーが事業承継上の理由で引退するという事情を理解してもらい，雇用継続が厳しい可能性があるということを丁寧に説明した上で，次の職場探しの期間の付与，割増退職金の支給など受け入れやすいパッケージを事前に準備して提示するなど対策を考える必要があります。

（3） 不要資産の整理・オーナーと会社の関係を整理

不動産事業に不要な資産は事前に整理しておくことで価値を高めることができます。売主は会社が保有している資産を適正な金額で評価して引き受けてくれるだろうと考えるかもしれませんが，買主にとっては事業に必要ではない資産について資産価値ゼロ，又は処分しなければならないので処分費用相当分をマイナス評価とすることもあります。

社有自動車，ゴルフ会員権，オーナーの自宅となっている社宅についてはオーナーに買い取ってもらいます。その際に，買取り金額については帳簿価格ではなく適正な時価で売買することが必要になります。

有価証券，生命保険については，時価評価額，解約返戻金額を把握し，換金できるように準備する必要があります。売却，解約のタイミングで損失が発生することもありますが，買主にとってもそのまま引き受けると相場の変動でより大きな損失となる可能性がありますので，保守的な評価になってしまいます。準備期間の中で整理のタイミングを図っていく必要があります。

(4) 株主全員の同意

株式会社にとっての最高意思決定機関は株主総会であり，経営，役員人事，株主の利益に関する事項を決議しますが，株式の持分比率によって，決議できる事項が異なります。会社売却では発行済み株式の全てを買主に譲り渡すことが条件になります。株主の権利については以下の表のとおりですが，持株比率が強くなるにつれその権利も強くなります。買主は，買収後に迅速な経営判断を下していきたいところですが，それを制限する株主が存在する状態は避けたいと当然考えます。

〔持株比率と株主の権利〕

持ち株比率	内容
1％以上	株主総会における議案提出権を有します。
3％以上	株主総会の招集を要求したり，会社の帳簿を閲覧することを請求することが可能です。
3分の1超	特別決議（定款変更や取締役の解任，合併や解散などの重要な意思決定）を単独で否決することが可能です。
2分の1超	持ち株比率が過半数を保有している株主であれば，特別決議を除く普通決議を可決することが可能です。
3分の2超	定款変更や取締役の解任，会社の合併や解散など，企業経営上重要な事項である特別決議を可決することができます。

オーナーとしては，創業当時からの経営の変遷の中で複雑化した株主関係を整理することは困難であると感じていることもあるかもしれません。複数の相続によって株式が分散し経営側の株主と非経営側の株主に分かれてしまい疎遠になってしまった場合や，従業員持株会制度ができる前に従業員に対して株式を譲り渡してその後退職しても株主の地位を継続している，又は取引先との株式持ち合いをしていたが取引解消後も放置しているなどの事情があり，過去の経営者との関係で生じた株主関係を現オーナー

が整理していくことの負担は大きいといえます。しかし，買い手にとってみれば，現オーナーでも難しいことを買収後に買主が整理することは一層困難であり，かつ完全に全株式が集約できるかは約束できることではなくリスクを伴います。まずは，オーナー側で整理を行う必要があります。

ではどのタイミングで疎遠になった株主と接触していくかですが，経営に参加していない株主であれば経営の方向性や誰が買主になるのかについてはあまり興味がなく，経済条件，いくらで買い取ってくれるかという点が非常に大きなポイントとなります。事前に株価算定して，売却見込額を想定してこれを示すことで，同額以上での買収を希望する買主が現れた場合に売却に同意するか確認をします。同意が得られれば委任状を作成し，オーナーが株主代表として買主と交渉を行うようにします。

過去のしがらみで対立する関係になってしまった株主から，金額面だけで同意を得ることは難しいといえます。オーナー本人が反対する株主との連絡窓口になることで余計に関係がこじれてしまうかもしれません。その場合にはアドバイザーなどの第三者を通じて会話することが有効です。客観的な視点で現状を分析し，反対株主に丁寧に説明し納得してもらう必要があり，時には交渉することもありますが，お互いが納得のいく条件で売却の方向に進むように導いていくことが大切です。

2　M&Aアドバイザーの起用

(1)　M&Aアドバイザーの選定

不動産M&Aは，M&Aではあるのですが，不動産を取得することを目的とするため不動産取引の視点を持つことも必要です。

アドバイザーを起用するメリットは，買主を探索するマッチング業務と，M&A取引に関するスケジュール管理，条件調整，事務管理を行うコーディネート業務を専門家に任せられるという点にあります。

マッチング業務に関しては，不動産 M&A の特徴として挙げたとおり，不動産取引と同じように誰でも検討できるものではなく買主が限定されるため，候補者のストックとルートがしっかり確保できるアドバイザーであるか見極めなければなりません。良い条件の買主があらわれたと思って交渉を進めていたところ，株式譲渡ではなく不動産売買でないと取引できないといわれて白紙に戻ってしまったということもあり，せっかくの交渉のための時間も手間も無駄に終わってしまいます。

コーディネート業務に関しては，M&A 取引の流れに沿って進行していくため，不動産取引の知識だけで対応することは難しいといえます。当初は不動産売買で検討していたため，地元の不動産仲介業者に相談して準備を進めていたが，顧問税理士に税金に関して確認しようと相談したところ，不動産 M&A にした方がメリットが大きいというアドバイスを受けて方針転換したということはよくある話です。不動産売買から不動産 M&A に売却方針を転換した後も，相談していた地元の不動産仲介業者に任せたものの，DD のサポート，条件の調整，株式譲渡契約書の締結サポートなど，M&A の知識不足からスムーズな進行ができず，売主がストレスを抱えることになってしまうことも多いです。不動産 M&A に対応する専門部署を設置して，豊富な不動産人脈を活用したマッチング業務を展開している不動産会社もあるので，アドバイザー選定の際には検討に値します。また，金融機関，会計事務所の M&A 部署や M&A 専門会社の場合には，不動産評価の内容や候補者リストなどを通じて不動産を苦手としていないか見極めたいところです。

M&A アドバイザー会社の選定ができれば，具体的な業務に入る前にアドバイザリー契約を締結することになります。統一された契約書式はなく各社独自のものですので内容を精査する必要があります。アドバイザーに有利に規定されていて，売主にとっては円滑な M&A の進行の妨げになる可能性があります。

項目	内容
契約の種類	仲介，FA のいずれの立場であるか。FA は売主または買主のアドバイザーとしてその利益最大化に向けてサポートを行います。仲介は売買双方の間に立ち条件の調整を行い取引成立に尽力します。仲介は中小規模の取引によくみられます。
業務範囲	マッチング業務のみなのか，コーディネート業務のバリュエーション，交渉の助言，スキーム立案等どこまで含むのか。
報酬額	着手金，中間金，成功報酬の有無と金額，支払時期を確認します。
費用負担	弁護士，税理士，不動産鑑定士等の士業専門家やコンサルタントを利用する場合の負担区分を確認します。
専任条項	他社へ同様の業務を並行して依頼することを禁止するもので，アドバイザーとしては専任があった方が専念して取り組める一方で，売主は 1 社に託すというリスクがあります。
テール条項	契約終了後に紹介した譲り受け企業と成約した場合に報酬を請求できる条項です。故意に契約解除し報酬負担を回避しようとすることを阻止するものです。長くても契約終了後 2〜3 年が適当と考えられます。
解約条項	依頼者からの解約が不当に制限されていないか確認が必要です。
契約期間	業務範囲に合わせて契約期間が取引成立時まで続くのか，その前後で終了するものなのか確認する必要があります。

(2) 報酬体系

アドバイザーに支払う報酬については，詳細については各社が独自に定めるものの，M&A 取引である程度決まった報酬体系が存在します。

① 着手金

アドバイザリー契約締結時に支払うもので十万円台から百万円台まで各社が定めています。着手金を不要にしているところもあります。

② 期中報酬（リテーナーフィー）

毎月ごとに支払う固定報酬になります。着手金同様に支払いを不要にしているところもあります。

③ 中間金

基本合意書締結などの売買双方で一定の合意があった時点で報酬を支払います。着手金同様に支払いを不要にしているところもあります。

④ 成功報酬

譲渡が実行され代金決済された時点で，案件成立の対価として報酬を支払います。料率はレーマン方式による場合が多く，取引金額に応じて段階的に料率が変化します。具体的な料率と料率に対応する金額は会社によって様々です。

〔レーマン方式での成功報酬体系の例〕

金額	料率（消費税を除く）
5 億円以下の部分	5％
5 億円超，10 億円以下の部分	4％
10 億円超，50 億円以下の部分	3％
50 億円超，100 億円以下の部分	2％
100 億円超の部分	1％

この料率に対応する金額について，移動総資産額，株式譲渡対価のいずれにするかによって報酬額は大きく変わります。移動総資産と株式譲渡対価の差は負債額となりますので，総資産 5 億円，負債 3 億円，株式譲渡対価 2 億円とした場合，移動総資産ベースの報酬額は「5 億円×5％＝2,500 万円」，株式譲渡対価ベースの報酬額は「2 億円×5％＝1,000 万円」となり，実に 1,500 万円もの差となります。

では，不動産 M&A ではどちらのケースが適当かというと，ケースバイケースとなります。なお，不動産取引では，宅地建物取引業法において，不動産売買金額（400 万円超の場合）に対して 3％プラス 6 万円が仲介手数料の上限と定められています。仮に先ほどの例で資産が全て不動産であり，M&Aではなく不動産取引となったとすれば，「5億円×3％＋6万円＝1,506万円」が報酬となります。不動産取引よりM&A取引の方が取引成立までの期間が長く，検討する項目，調整ポイントなどが多く，アドバイザーとしての負担は重たいのではないかと思いますので，不動産仲介手数料以上でもよいのではないでしょうか。また，不動産売買より不動産M&A取引の方が売主の手取額が多くなるので，この点からも報酬支払いへの納得感も得られやすいと考えます。報酬についてはアドバイザリー業務の提案段階で説明していくことでトラブルを回避することができます。

〔宅地建物取引業法で定める仲介手数料の上限〕

取引金額	料率（消費税を除く）
200万円以下の部分	5％
200万円超，400万円以下の部分	4％
400万円超の部分	3％

3　買主の探索

（1）　候補先となるリストの作成

買い手候補にM&Aを打診するに当たっては，どのような企業が候補にあるのか把握してから行動すべきで，闇雲に進めるべきではありません。買い手候補となる企業をリストにしたものをロングリストといいます。特に決まった形式はありませんので，会社名，代表者，所在，業種，提供サービス・商品，売上高・利益，従業員数などを一覧にすれば比較が容易になります。

ロングリスト作成に際しては，不動産M&Aの実績の有無について記載することが望ましいです。不動産M&A取引実務に精通している企業であれば，検討すべきポイントがある程度分かっているので円滑に進みやすくなりますが，実績がない候補先の場合，これらの経験がないので思わぬところで検討断念されてしまうリスクもありますが，有力な買主になる可能性もあります。

〔ロングリストの例〕

会社名	代表者	所在	業種	売上高 利益	従業員数	M&A 実績
A 社	○○	東京都○○区	不動産賃貸業	○億円 ○億円	○名	あり
B 社	○○	東京都○○区	不動産賃貸業	○億円 ○億円	○名	なし
C 社	○○	東京都○○区	不動産賃貸業	○億円 ○億円	○名	あり
D 社	○○	東京都○○区	不動産賃貸業	○億円 ○億円	○名	あり
E 社	○○	東京都○○区	不動産賃貸業	○億円 ○億円	○名	あり

ロングリストは売主が作成してもよいですがコンタクト可能な候補先は限られるでしょう。不動産 M&A では不動産の取得が目的となるため，取引先や経営者仲間が候補先として挙がることは少ないはずです。候補先のストックが豊富にある，候補先に関する情報を持っている専門家の力を借りることが成約の確率を上げることにつながります。

（2） 候補先の絞り込み

ロングリストが作成できればその中から実際に買収の提案を持ち込む先を絞り込んでいきます。持ち込む先は一番確度の高いと思われる候補者から持ち込んでいきますので，アセットの種類，資産規模，所在地などから，ふさわしいと思われる候補者に順位付けをしていきます。一度持ち込みを行うと，候補者との間で秘密保持契約を結んでいたとしても，どこからか売りにでているという情報が広まることがあります。取引先や従業員が知ることとなれば不安や混乱を招くことになりますし，売情報としての価値も損ねてしまいますので，慎重に絞り込みを行う必要があります。

持ち込みを行う場合には，最初から候補先に対して対象会社の会社名を具体的に明示するのではなく，対象会社と特定されないように所在地，売上高，業種，従業員数などの情報をぼかしたノンネームシートを提示します。ノンネームシートで興味を示さなければ無用な情報拡散は生じないですし，興味を示すようであれば秘密保持契約を締結の上，より詳細な情報開示を行います。

〔ノンネームシートの例〕

ノンネームシート

■事業内容	不動産賃貸業
■所在	東京都千代田区
■資本金	1,000万円
■発行済株式総数	100株
■株主構成	代表者及びご子息で100％を保有
■従業員	正社員3名
■決算状況（○年度）	売上高　　約200百万円 営業利益　約100百万円
■資産概要	千代田区内のオフィスビル 横浜市内の底地
■売却形態	全株主が保有する株式の譲渡
■売却希望金額	○億円
■備考	建物の築年数が浅くきれいな外観を保っている 土地及び建物の一部は代表者個人の所有で，株式譲渡と共に個人所有不動産も譲渡

以　上

本情報は貴社にのみ提供するものであり，貴社以外の第三者への提供，漏洩等がなきよう取扱いにつきましてはご留意いただきますようお願いいたします。

（3）　候補者の属性

候補者によって投資対象となる不動産が異なりますし，取得後の不動産の活用についても多様です。候補者の属性を以下のように分けると，その投資に対する考え方の参考にできるのではないでしょうか。

①　不動産会社

不動産取得の1つの方法としてM&Aでの取得を取り組む会社が増えています。不動産取得競争が激しくなっている状況で，取得にひと手間かかるが優良不動産を保有している会社を買収できることは魅力的です。各種DDを実施して不動産取得より慎重な検討を行います。都心の一等地など希少性の高い不動産であれば長期で保有することがありますが，基本的にはリニューアル工事を実施して賃料及び稼働率をアップして安定したトラックレコードができた段階で第三者への売却を行っていきます。対象会社が不動産賃貸業とそれ以外の事業部門を持っている場合，不動産賃貸業の譲受人となるとともにその他事業部門を引き受ける事業パートナーを探してきて共同で買い取ることもあり，多様な方法で対応できる候補者もいます。

②　不動産ファンド

不動産会社と同様にM&Aを不動産取得手段として取り組んでいます。投資家から投資資金の運用を受託し，一定の期間運用して投資リターンを投資家に還元するものであり，運用期限までに資金を分配するために不動産を売却することになります。ファンドの運用資金は短期で高い利回りが得られるような案件に投資を行いますので，ファンドが検討する案件は価値の高い不動産を保有する会社であるということです。

③　事業会社

本業のほかに安定した収益源として不動産賃貸業を営む会社を買収します。不動産賃貸収入が毎月して計上されることから，売上が読みやすく経営が安定する効果が期待できるため，余剰資金のある事業会社が買収することで眠った資金を活用することにつながります。このような会社は安定した収益を期待して買収することを目的としていることから，不動産会社や不動産ファンドと異なり比較的長期で保有することが多いです。

また，M&Aのシナジー効果として不動産保有会社を買収し，この会社を宅建業者として新規に不動産仲介事業に参入する足掛かりとすることもできます。実際に，自社製品を売り込むだけではなく，地域の不動産ネットワークを活用して，顧客企業の不動産賃貸借や売買のニーズに応えることができるようになったという例もあります。

④ 資産管理会社

会社オーナーが設立した資産管理会社で資産運用を目的として会社を取得します。安定した賃貸収入が見込まれることから，賃貸不動産を保有する会社を取得することは非常に魅力的に感じられますので，事業会社と同様に長期に保有することになります。

運用目的のほかに，資産管理会社の自社株が株式保有特定会社に該当する場合には，不動産保有会社の不動産を組み入れることで特定会社に該当しないように資産構成を組み替えるために取得することがあります。相続税の財産評価において，自社株の評価方式は会社規模の区分に応じて類似業種比準価額と純資産価額の比率が決まっています。ところが，例外として評価会社の総資産に占める株式の価額の割合が50％以上であれば，株式保有特定会社として，自社株の価額が高くなる評価方式を適用しなければならないことから，その対策として不動産を組み入れて株式の保有比率を引き下げることが行われます。

資産管理会社にとっては，運用目的に加えて自社株の評価対策としてもメリットが生じることから，強気な価格が提示できる買主となる可能性があります。

4 売却希望価格

条件提示は早い段階で決めておくべきで，ノンネームシートにも希望価格は記載しておくことをおすすめします。買主にとってそもそも投資基準に対して規模が大き過ぎる小さ過ぎるとなればその場で検討は終了します。また，買主は売主が自分の会社や保有する不動産をどう評価しているのか，アドバイザーはその評価に対してどのように考えて案件を紹介しにきたのか知りたいと考えています。売却希望金額が固まっていないようでは，買主は本気で売る気がないのだろう，単に相場が知りたいだけなのではと真剣に取り合ってくれません。バリュエーションの手法を用いて，売主又は売主のアドバイザーとして根拠のある価格を示すことが重要です。

売却希望金額は少しでも高い金額で売却したいという売主の心理が働きますし，買主は入札でもない限り一度提示した金額から価格を引き上げるということはありませんから，当初金額はやや高めの設定になることがあります。売却希望金額を設定するに当たっては，ある一定の価格を下回るのであれば，売却活動を中止するという売却最低金額を決めておくことで売却活動を無用に長引かせることを防ぐことができます。

売主には，会社名は残してほしい，従業員は全員雇用継続してもらいたいといった会社に関する条件や，境界は未確定のまま引き継ぎたい，建物は現状有姿で引き渡すといった不動産に関する条件など，様々な条件を提示して買主に検討をさせることになりますが，買収の検討を断念するような条件でない限りは，様々な条件は価格に織り込まれることになります。その価格が売却最低価格に届かないのであれば，そもそも設定価格が高かったということで，マーケット環境の改善を待つのか，条件の見直しを行って成約するレベルに目線を下げるのか，買主の反応は市場の声として売主の判断の重要なヒントとなります。

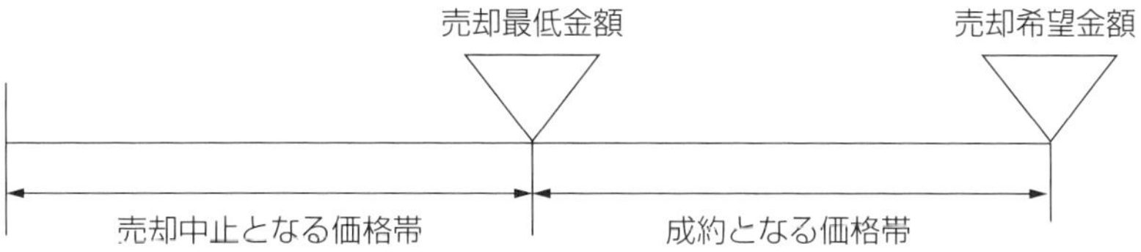

5　売却方法の選択

買主候補に対する売却方法は複数あり，案件の規模，会社の魅力，候補者の数などによって柔軟に選択すべきで，方法によって売却価格に大きく影響します。相対取引，入札（クローズドビット），入札（オープンビット）の3つがあります。

（1）　相対取引

売主と買主が当事者同士，一対一で条件交渉し，価格を決めて取引を行うことを相対取引といい，中小規模の不動産M&A取引の場合には相対取引が多くなります。不動産M&Aで取り組むことができる候補者は，不動産取引より少なく，検討する項目が多くなるため，その時間と手間を掛けることを惜しまず購入意向を示す候補者は貴重といえます。

売主から提示された売却希望価格と取引条件に対して興味を示した候補者と売主との間で，交渉を行うことになり，価格や条件について売主の当初希望どおりにまとまらないこともあります。買主としては比較される他の候補者がいない状況になるので強く主張してもいいだろうと考え，売主としても買主にキャンセルされてしまうと，また探索，交渉を行うことになり疲弊したくないから，最低限の撤退ラインまでならある程度は許容してもよいと妥協します。

売主の売りたい事情や買主の買い希望の強さによって，売買当事者のパワーバランスは変わりますが，お互いの主張を直接言い合っても歩み寄りは難しく，アドバイザーを介して論理的に冷静な交渉を行うことによってスムーズに条件をまとめることができます。

(2) 入札取引

大規模なオフィスビルなどの事業用不動産を保有している不動産会社であれば，入札による売却も選択肢に入ります。複数の候補者が同時に検討を進め，金額を提示することになるので，売主の希望金額以上での売却ができる可能性もあります。

〔入札の流れ〕

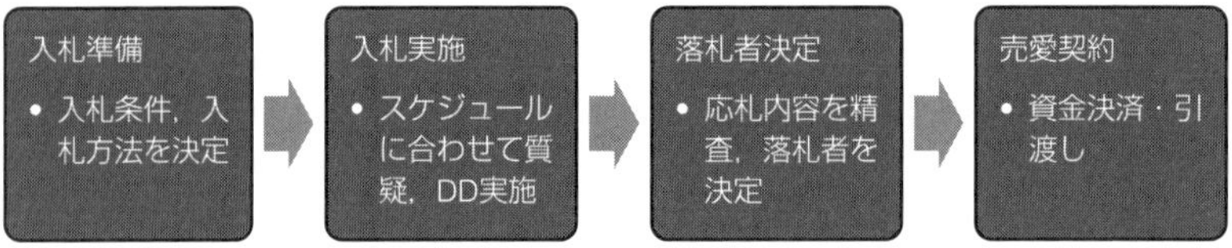

複数の候補者から条件提示があれば，条件を比較することができ売主の納得感が高くなります。一部株主が売却価格の妥当性について疑義を抱いていて売却の障害となっている場合であっても，客観的な市場の評価を示すことで納得感が増して売却に合意することもあります。また，入札者の中から条件を比較し落札者を決定することができることから，検討中断となるリスクは低く，仮に中断となっても次点候補者が存在するため初めから探索しなければならないという時間的ロスを回避できます。

入札により，候補者間の競争が働くことで想定を上回る価格で売却できる可能性があり，相対取引よりメリットがあるケースも多いのですが，全ての案件に適しているわけではないということに注意が必要です。マンションの一室，戸建住宅といった小規模な不動産ではなく，オフィスビル，商業施設といった投資用賃貸不動産や工場跡地，物流用地などの開発用地を保有する会社であれば，購入を希望する会社も多く入札になじみやすいといえます。

入札に制限なく参加できるオープン型と参加者数に制限をかけるクローズド型に分けられますが，ロングリストから参加者の検討意欲をそがない程度に絞り込んだ数社に参加を打診することで，情報拡散を防ぎながら円滑に入札を進行できるのではないでしょうか。

〈二段階入札の導入〉

入札を実施する場合には，価格や条件が近い候補者がいると１社に絞り切れないことがあります。売主にとっては二段階に分けて実施して候補者を徐々に絞り込んでいく方が慎重かつ安全に買主を選定することができます。

最初は限られた資料（会社の情報がまとめられたインフォメーションメモランダムや企業概要書など）に基づいて候補者に検討を行ってもらい第一次意向表明書の提示を受けます。第一次意向表明書の提示条件を精査して，候補者を絞り込んで二次入札を実施します。二次入札ではマネージメントインタビュー，質疑応答，専門家によるDDを各社が実施し，買主としての最終的な意向表明書を提示して，優先交渉権者となる一社に絞り込むことになります。専門家によるDDは候補者の金銭的負担が大きく，購入できなければただの損失となってしまいますので，二段階入札でDDの実施タイミングを優先交渉権者決定前にするのか後にするのかは，案件の魅力の高さに応じて判断すべきです。

6　インフォメーションメモランダム

インフォメーションメモランダム（IM）は会社の概要を示す資料として，売主から候補者に開示されるものです。ノンネームシートで興味があれば秘密保持契約書を締結して，IM を開示します。事業内容，沿革，組織体制，財務情報などの M&A を検討するに当たって価格と条件が提示できるだけの詳細な情報を記載します。

IM は候補者全てが入手できる共通した情報ですので，これを基に提案される意向表明書は前提がそろっているものであり，入札の場合には比較がしやすくなります。

また，交渉に当たって論点になりそうな事項は IM に前もって記載して，周知することでトラブルを回避することができます。IM での検討後，DD で懸念点が発見されたとします。買主は偶然であるか否かを問わず，その懸念点を解消するために想定外の対応を検討する必要に迫られますし，それが買主にとって検討中止となる事項かもしれません。売主は悪い評価になりそうな事項はなるべく隠しておきたいという心理が働くかもしれませんが，M&A 取引は信頼関係によって成立するものですので，隠すことは信頼を毀損することであり，買主の疑念を深める元になります。IM には隠すことなく正直に情報を記載し，あるいは事前に解消できる事項であれば候補者探索の前に問題を処理しておく必要があります。

会社の見方にプラスになる材料は根拠とともに記載することで，買主が気が付かないポイントとしてアピールすることができます。

IM に記載すべき主な事項としては以下のとおりです。

- 概要（企業情報，事業概要，競合優位性）
- 事業内容（取引フロー，主要取引先）

・資産内容（不動産，設備の状況）
・組織（組織図，役員構成，従業員構成，株主構成）
・財務状況（直近3期程度の損益計算書・貸借対照表）
・将来の事業計画
・譲渡条件（売却希望金額・その他条件）

7　取引条件の交渉

（1）　意向表明書

意向表明書（Letter of Intent，LOIともいわれます）は，候補者がこの条件であれば購入する意向があるという意思を表明した書類となります。M&Aのプロセスの中で必ず提出される書類ではありませんが，入札で複数の候補者の検討結果を比較するため提出を求められることがありますし，入札でなくとも現在検討中である他の候補者に先んじて売主が希望する条件を満たす意向表明書を提出することで優先交渉権を獲得できることがあります。

意向表明書は，記載された条件で取引することを買主に確約させる法的拘束力を持つものではありませんが，売主は記載された条件のとおり取引が行われることを期待しますし，マイナス方向に条件が変更されると買主への不信感につながります。買主としても法的拘束力はないものの，与えられた前提条件が変わらない限りは提示した条件で取引できるよう努力しますが，DDの結果減額すべき事象が発見されたり，金融機関との交渉において希望する融資条件が得られなかったといった事情が生じることがあることは売主も理解しておく必要があります。

買主には，とりあえず優先交渉権を得ておいて，他の候補者を排除してからじっくり売主と現実的な交渉を行おうと見栄えのいい意向表明書を提出してくる者もいます。売主がそのような買主を選んでしまわないように，意向表明書の内容については具体性があるものか提出後もヒアリングなどを通じて確認していくことが重要です。

〔意向表明書の例〕

20xx 年 x 月 x 日

○○株式会社
株主○○　様

株式会社○○
代表取締役　○○

株式購入に関する意向表明書

この度は，○○株式会社の株式譲り受け（以下，「本件」といいます。）にかかる検討の機会をいただき深く感謝申し上げます。弊社は本件に関して強く興味を持っております。
つきましては，弊社の現時点の本件への意向を以下のとおり表明いたします。

記

1. 購入対象
○○株式会社が発行する全ての普通株式

2. 購入希望金額
購入希望金額　金○○百万円

3. 独占交渉権
弊社へ独占交渉権を付与していただき，弊社以外の第三者との間で本件取引に関する協議を行わないようお願いいたします。

4. スケジュール
基本合意書締結：20xx 年 x 月 x 日
デューデリジェンス：20xx 年 x 月下旬
最終契約締結：20xx 年 x 月 x 日
株式譲渡：20xx 年 x 月 x 日

5. 本書の有効期限

本書の有効期限は20xx年x月x日までといたします。

6. 購入条件

a) 上記購入希望金額はデューデリジェンスにおいて当社が満足できる結果が得られることを前提としています。

b) 取引に関する売買契約の締結までに弊社の取締役会において，売買契約締結についての承諾が得られていることを前提に取引を行います。

本書は現時点における弊社の意向を示すものであり，何ら法的拘束力を有するものではございません。

(2) 基本合意書

基本合意書は，売主と買主で交渉した事項の結果を合意事項として，契約書として確認するものです。株式譲渡契約が売買双方における最終的な合意となる契約書ですので，基本合意書はその中間的な役割となります。合意できた事項と合意できていない事項を書面にすることによって，その後に注力すべきポイントが明確になります。

基本合意書の内容としては，譲渡価格，優先交渉権，DDの実施などが盛り込まれます。買主は優先交渉権を得ることで排他的に案件を検討することができ，安心してDDに入ることができるので，最終契約締結までのスケジュールが立てられるようになる点がメリットとなります。

優先交渉権だけを得るということであれば，優先交渉権付与通知書など売主から書面を交付することで足りることがあります。基本合意書は双方が契約することになるもので内容の合意に時間を要するため，これを回避する方法とされることがあります。売主，買主のいずれかが簡単に本件検討から降りないようにする目的であれば，通知書より基本合意書の締結の方が心理的な拘束力は強くなります。

合意事項として譲渡価格が最も重要な事項の1つとなりますが，これが合意できていることでDDの受け入れスタンスにも影響を及ぼします。DDは買主が主体となって実施するものであり，基本的には買主が不利にならないように精査することから価格に対してマイナス要因が売主に提示されることになります。売主としては，基本合意の段階で基準となる譲渡価格を決定しておくことでDDに備える心構えができます。

一方で，買主にとっては，譲渡価格を合意したといってもDDの結果によっては価格の変動が生じる可能性があると当然考えています。売主の中には，基本合意書で価格は決定済みであるから，DDでの発見事項は買主が容認すべきリスクであり，価格の調整には応じないと主張する者がいます。もちろん買主として価格に影響しない発見事項に対して減額を要求することはありませんが，これまでの検討プロセスの中で明示されなかった事項を予め予測して価格を算定することは不可能ですので，基本合意書においてDDの結果によっては価格変動する可能性があるという規定をいれることでトラブルを回避することができます。

〔基本合意書の例〕

基本合意書

○○○○（以下，「甲」という。）と○○○○株式会社（以下，「乙」という。）は，甲が保有する○○○○株式会社（以下，「○社」という。）の発行済み株式100％（以下，「本株式」という。）を乙に対して譲渡するための売買契約（以下，「本売買契約」という。）の基本条件について，下記のとおり合意したので，この基本合意書（以下，「本基本合意書」という。）を締結する。

1. 売買対象会社
　会　　　社：○社
　住　　　所：○○県○○市○○町○番地○
　資　本　金：○○○○万円
　代表取締役：○○○○

発行済株式：○○株

2. 売買金額
(1) 本株式の売買代金（以下，「本売買代金」という。）は，金○○○○円以上とする。
(2) 前項の規定にかかわらず，甲及び乙は，合理的な理由に基づき別途合意した場合には，本売買代金を変更することができるものとする。

3. 売買実行日
本売買契約締結日及び決済日については，以下のとおりとする。ただし，甲及び乙は，合理的な理由に基づき別途合意した場合には，以下の各期限を変更することができるものとする。
(1) 本売買契約締結日
○○年○○月末まで
(2) 決済日
○○年○○月末まで

4. デューデリジェンス
(1) 乙は，○○年○○月○○日までに○社及び対象不動産について乙によるデューデリジェンスを完了させるものとし，本売買の実行は，乙が合理的に満足するデューデリジェンスの結果が得られることを前提とする。
(2) 前項の規定にかかわらず，デューデリジェンスの結果，○社及び対象不動産の評価に悪影響を与える新たな事項が発見された場合，甲及び乙は，本売買代金を調整した上で，甲と乙の費用にて解決することとする。

5. 資金調達
本売買の実行は，乙が金融機関から満足な条件での融資が得られることを前提とする。なお，甲は買主の資金調達について最大限協力するものとする。

6. 従業員の運営
決済日における○社の従業員については，決済日以降○年間，現状の雇用条件を維持した上で雇用を継続することとする。

7. 個人保証の解除
本売買の実行は，○社の借入金に対する甲の個人保証の全てが解除されることを前提とする。

8. ○社経営者の継続関与

決済日において○社の取締役及び監査役については全員退任するものとする。

9. 法的拘束力

本基本合意書は，本売買契約に関する基本的了解事項として，甲及び乙間において今後の協議で考慮すべき事項を記載したものであって，何らの法的拘束力を有しないものとする。

10. 解除

本基本合意書は，本売買契約が締結されたとき自動的に終了するものとする。また，甲及び乙は，以下の各号のいずれかの事由が発生した場合は，相手方に対して書面による通知を行うことにより，本基本合意書を解除することができる。

(1) 相手方が本基本合意書における重大な義務に違反したとき
(2) 相手方について，破産手続開始，民事再生手続開始，会社更生手続開始，特別清算開始その他適用のある法令上の倒産手続の申立てがなされたとき，又は解散の決議がなされたとき

11. 有効期限

(1) 本基本合意書の有効期間は，本基本合意書締結日から○○年○○月○○日又は本売買契約の締結日のいずれか早い日までとする。ただし，両当事者の書面による合意により延長することができる。
(2) 甲及び乙は，法的拘束力のある本売買契約が本基本合意書の有効期間の満了までに甲及び乙の間で締結されるよう相互に協力するものとする。

12. 準拠法及び合意管轄

(1) 本基本合意書及び締結予定の本売買契約は日本語によって正本が作成され，日本法に準拠し，日本法にしたがって解釈されるものとする。
(2) 本基本合意書に関する一切の紛争については，○○地方裁判所をもって第一審の専属的合意管轄裁判所とする。

本基本合意書の成立を証するため本書2通を作成し，甲乙記名押印の上，各1通を保有するものとする。

○年○月○日

甲　○○市○○丁目○番○号
　　○○　○○　印

乙　○○市○○丁目○番○号
　　○○　○○　印

(3) デューデリジェンス (DD)

買主側ではDD（会計，税務，法務，不動産，人事）に向けて士業等の専門家を選定しチームアップします。各専門家から必要となる資料の開示依頼がなされるので，売主側では資料の準備が必要となります。

資料はテーマごとに整理しておき，各資料をファイリングして資料の一覧表を作成しておくと，買主が探しやすくなり，売主にとっても用意した資料について漏れなく把握できるというメリットがあります。資料閲覧用に部屋を用意して複数の関係者が来訪して閲覧するデータルームを開設することもあります。

資料開示のほかに，買主側から質問がなされるためこれに対応する必要があります。質問と回答は主にエクセルなどを通じてやり取りされることが一般的です。複数の専門家が同時に次々と質問してくることがあり，中には回答済みであるにもかかわらず関係者間で共有が図られず，同じ質問をしてくることがあります。日常業務ではない慣れない作業に対応しなければならない売主にとってはストレスが溜まりやすくなりますので，アドバイザーは常に目を配って整理を行う必要があります。また，売主の経営層，経理担当者などが質疑応答を行うためにインタビューセッションを設けることもあります。

〈セルサイドDDについて〉

買主側が行うバイサイドDDに対して，売主側が行うものをセルサイドDDといいます。タイミングはバイサイドDDの前に実施され，企業価値の見積りや売却時の課題となる事項を抽出し事前対応することで，売却リスクの低減を図ることを目的としています。不動産M&Aでは，売主側で外部専門家に依頼して不動産鑑定評価書，エンジニアリングレポートを作成させることでレポート内容を参考に売り希望価格を決定したり，建物に関する指摘事項の治癒等を行います。

セルサイドDDを通じて指摘事項等を事前に把握することで，買主に開示するインフォメーションメモランダムの作成にも役立ちます。買主は，売主が取得する不動産鑑定評価書，エンジニアリングレポートを全面的に信用してこれに依拠するものではありませんが，これらの調査レポートも合わせて開示することで売主の価格算定根拠や不動産リスクの有無を理解することにつながります。

〔DDの実施時期〕

8　最終契約の交渉

（1）　最終契約書

株式譲渡契約書，事業譲渡契約書といった取引形態に応じて使い分けられた契約書を総称して最終契約書と呼んでいます。不動産M&Aは，不動産を保有する会社そのものを売却することでメリットが生じるものであるため，株式譲渡契約であることがほとんどですが，一部事業のみを対象に譲渡する場合には事業譲渡契約や分割契約となることもあります。

最終契約書のファーストドラフトは売主又は買主のいずれから提示すると決まっているものではありませんが，最初に提示した側の意向が反映されたものになるため，ドラフトの受領側では受け入れ可能な内容かどうか精査し，修正を行います。ドラフトを出した側としても修正が行われることを想定していますし，契約条件の落としどころを見つけるため交渉が行われます。

(2)　DDと最終契約書

DDの結果，基本合意書の前提に変更，修正する条件が発生した場合には売主と交渉することになり，合意した内容は最終契約書に反映されることになります。

基本合意時点の検討内容に相違して現預金が減少している，有価証券に含み損が発生しているといった金銭的な事項については，譲渡価格で調整を行います。

土地の一部に深刻な土壌汚染が発見された，第三者への多額の債務保証が見つかったといった解消することが困難で，かつ会社を引き継いだ場合の影響が大きい事項については，株式譲渡ではなく会社分割や事業譲渡に譲渡方法の変更を検討します。譲渡方法の変更は，売主の手取金額に影響することから金額の多寡によっては最終契約に至らない可能性があります。

土地の利用に影響のない範囲で隣地が対象地に越境している，借地契約が書面で契約されていないが書面化について相手方の協力が得られる見込みがあるといった，解消可能あるいは軽微な事項については，表明保証（隣地との間に紛争はない）や誓約事項（クロージングまでに相手方と借地契約を書面にて作成する）を最終契約書に規定することで対応します。

〔DD 発見事項の対応〕

①	客観的に金額で測定できる事項	譲渡価格の調整
②	解消困難な事項	譲渡方法の変更 （場合によっては取引中止）
③	解消可能な事項	表明保証，誓約条項に規定

（3） 買主が重視するポイント

最終契約書において買主が重視しているポイントは譲渡価格，譲渡価格の調整方法，表明保証と補償条項，誓約事項になります。

① 譲渡価格及び譲渡価格の調整

DD の結果，金額で測定できる事項であれば譲渡価格の調整をします。また，最終契約締結時とクロージング時の資産状況は通常変動していますので，その期間の変動に対する調整についても規定することになります。

② 表明保証と補償条項

表明保証は，主に売主が，最終契約締結時とクロージング時に売主自身に対する事項，対象会社に対する事項について，それぞれの事項が真実かつ正確であることを買主に表明し保証するものになります。買主も売主に対して表明保証しますが，内容は一般的で常識的なものですので売主に比して負担は軽いといえます。

買主は，各種 DD を実施することで対象会社の詳細を把握することができますが，期間と費用が限られていて調査の深さにも限度があります。売主は，DD を行ったんだから，表明保証はしなくてもよいだろうと主張する者もいますが，調査結果を受けて表明保証条項が適正に規定されることまでが DD の目的といえます。売買当事者でこだわるポイントは異なりますが，売主としては「知る限り」や「知り得る限り」と条件を付けて表明保証を規定するよう求めてきます。

表明保証違反が発覚した場合には，補償条項にて被った損害に対して補償を請求することになります。売主が表明保証責任を負う期間について，買主は長く，売主は短く期間をとりたいと考えます。

9　クロージング

(1)　譲渡価格の調整

最終契約締結からクロージングまでに期間がある場合に譲渡価格の調整が行われます。時価純資産法，修正簿価純資産法に基づいて価格検討を行っている場合には，資産と負債の変動に着目してその差額を調整します。当該期間に，賃料の入金や管理費の支払いといった通常の営業活動以外に，役員退職慰労金の支給，役員保険の解約，有価証券の換金，役員貸付金の返済などの高額の入出金があり，見積金額より誤差が生じることもあるため調整が必要となります。

各時点の貸借対照表は，対象会社の決算処理を行っている顧問税理士に事前に事情を説明して作成してもらうことが確実です。買主は譲受間もないため経理処理に不慣れといった状況にありますが，譲渡後に売主に帳簿を渡したくないという場合，顧問税理士に頼めば公平性があるからです。

調整方法や調整対象となる科目は予め最終契約書にて規定しておくべきです。非現金支出費用である減価償却費を含めるかどうかを決めていなかったため，売買双方の認識に相違が生じてしまい，クロージング後の調整に苦労するといった事例がありました。

〔調整額算定表の例〕

（千円）

科目	最終契約時	クロージング時	差額
現預金	10,000	11,000	
有価証券	8,000	8,500	
土地	200,000	200,000	
建物	250,000	250,000	
…			
資産合計	468,000	469,500	
短期借入金	10,000	5,000	
未払金	5,000	0	
長期借入金	150,000	150,000	
…			
負債合計	165,000	155,000	
純資産	303,000	314,500	11,500
		調整額	11,500

（2） 譲渡代金の支払方法

譲渡代金は必ずクロージング時に一括で支払われるものではありません。原則は一括払いですが，対象会社に何らかのリスクがあり，支払いの一部を留保するといった対応がとられることがあります。

例えば，税務DDで申告ミスが発見され税務調査で否認されるリスクがあったため，クロージング時に譲渡代金の90％を支払い，残金10％は税務調査を受けてリスクが解消された時点で支払うなどと取り決めます。リスクが解消された時点で買主に残金を支払う資力はあるのかといった問題が生じることから，エスクローサービスを利用して第三者に入ってもらい，代金決済の安全性を確保することがあります。

〈エスクローの仕組み〉

エスクローは，エスクローサービス業者（信託銀行や信託会社）が譲渡代金の一部を一定期間預かり，売主と買主が合意する条件を満たした時点で，エスクローサービス業者に対して合意条件に基づき指定された支払者に代金を支払うようにできるというものです。売主にとっては代金の一部後払いとなるため，後日買主が残金支払いに応じてくれるか資金力や信用の面から不安になります。買主としても支払いには応じたいが，全て一括払いしてしまうとリスクが顕在化した際に補償を売主に請求しても，資金が手元にない可能性があるため確実な補償が受けられるようにしたいと考えます。エスクローを活用することによって，第三者に預けて合意した条件に基づいて支払いが行われることで双方に安心感が生じます。なお，エスクローサービス業者に対しては保管期間と金額に応じて報酬が発生しますので，取引コストは嵩むことになります。

〈エスクローの概要〉

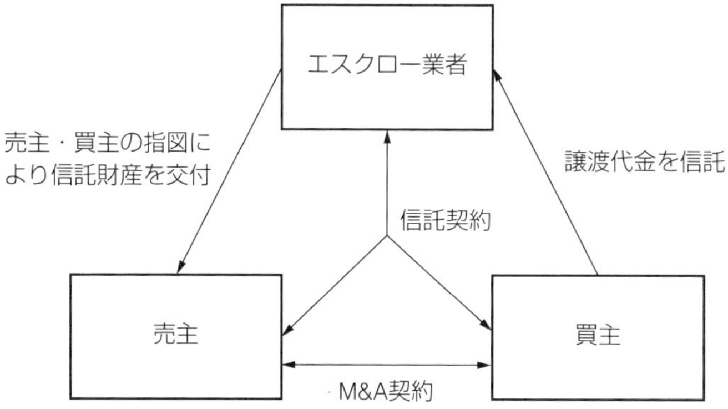

(3) クロージングまでの流れ

クロージング当日は，株式の引渡しと譲渡対価の支払いを行うことが目的となります。

非上場会社の株式には譲渡制限が課されているため，売主は会社に対して譲渡承認を得るべく，譲渡承認請求を行います。会社は取締役会（取締役会非設置会社の場合は株主総会）を開催して買主に株式が譲渡されることについて承認する決議を行うことで，正式に譲渡することができます。譲渡後は，新株主となった買主が会社に対して株主名簿に名義を書き換えるよう請求し，書換を行います。新株主の下で開催される株主総会で新取締役が選任され，登記を行うことで株主，役員ともに旧株主の影響がない状態となります。

実務上は，譲渡承認請求から登記手続までがクロージング日に確実に実行できることが条件となっているため，売主，買主及び司法書士等がクロージング前日までに書類に不備がないか事前に確認を行います。

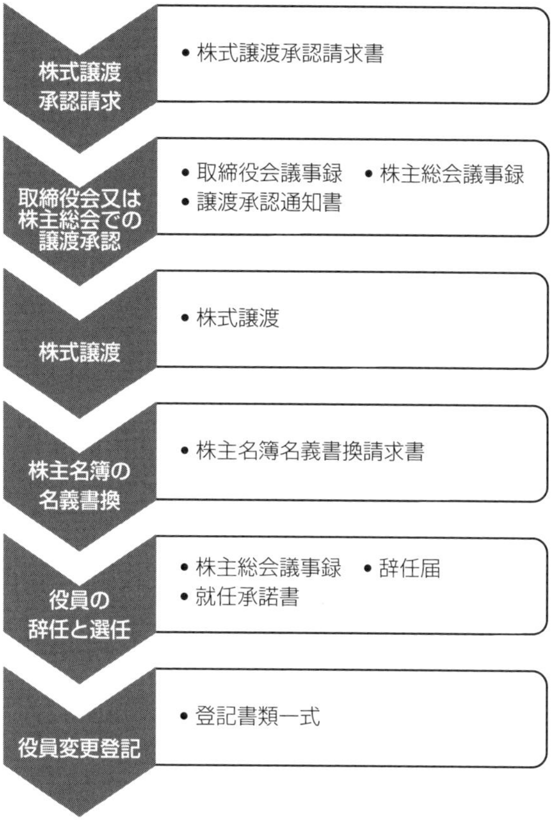
株式譲渡承認請求
• 株式譲渡承認請求書
取締役会又は株主総会での譲渡承認
• 取締役会議事録
• 株主総会議事録
• 譲渡承認通知書
株式譲渡
• 株式譲渡
株主名簿の名義書換
• 株主名簿名義書換請求書
役員の辞任と選任
• 株主総会議事録
• 辞任届
• 就任承諾書
役員変更登記
• 登記書類一式

4 不動産 M&A 事例

事例 1「譲受側の不動産資産拡大と譲渡側の後継者不在問題を解決した事例」

■対象会社A社の概要

- 東京都内に収益物件5棟を保有する不動産会社
- 代表者は70代で後継者不在
- 株主は代表者及び代表者の姉とその子
- 物件管理に従事する従業員5名
- 主な資産は築年数30年以上経過するマンション5棟
- 資産規模約5億円

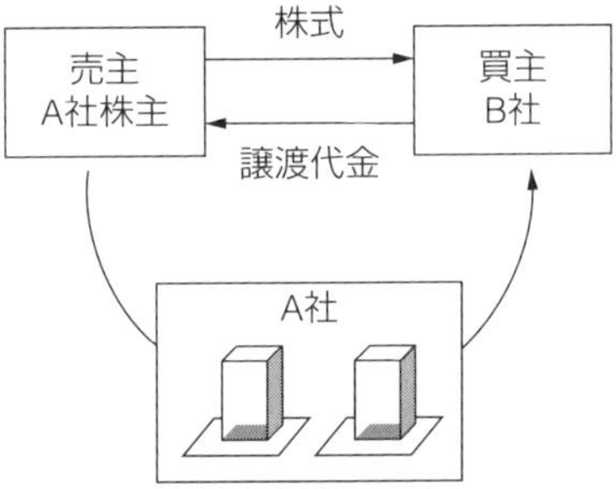

（1） 対象会社の概要

対象会社 A 社は東京都区内で昭和 30 年代に創業し，自動車の部品製造工場として営業していました。昭和の終わりから平成の初期にかけて工場を閉鎖し，工場跡地と自宅敷地を活用して収益物件 5 棟を順次建築し，不動産賃貸業に業態転換を果たし，都内の賃貸マンションで立地にも恵まれていたことから高稼働率で推移し収入は安定していました。

現在の社長は 2 代目で父の跡を継いで 5 人の従業員とともに物件管理を行っていましたが，年齢が 70 歳になることを境に引退を意識するようになったものの，後継者となる人物がいないことから不動産売却を進めて廃業することを検討するようになりました。

(2) 不動産 M&A 選択に至る経緯

取引のある金融機関に不動産売却と廃業について相談したところ，M&A 部から不動産 M&A という方法で会社を第三者に譲り渡すことができるとの提案があり，社長としては不動産売却による廃業しか選択肢になかったことから M&A も視野に入れて検討を開始しました。M&A 部の提案書には，不動産売却後に廃業するケースと不動産 M&A による会社売却のケースで社長個人の手取額がどの程度異なるかが比較して示されていて，会社売却にメリットがあるとの結論であったことから，不動産 M&A で進めていくという方針を固めました。

不動産価格は，周辺の J-REIT 取引事例と金融機関と関係がある不動産業者の査定書によって相場観が示されていました。売主が考える不動産価格については，賃貸マンションの投資市場は過熱しているとも聞き及んでいたことから，査定金額に上乗せした金額としました。また，会社には余剰資金として現預金があることから不動産価格に現預金を加えた金額を売却希望金額として候補者探索することにしました。

(3) 譲受企業の決定

やや強気の価格設定であるものの，都内の賃貸マンションで購入需要は旺盛であることから，複数の候補者に検討期間 1 か月と決めて検討するクローズドビットで進めることになり，結果は 3 社から意向表明書が提出され売却希望金額を上回る最高額を提示した B 社を優先交渉権者とすることになりました。

譲受企業 B 社は東京都内で不動産業を経営する企業で，良い売物件がない中でまとまって 5 棟も仕入れることができるという本案件は非常に魅力的で金額は過熱する相場を考慮して落札するのに十分な入札金額としました。B 社は，30 年以上経過するマンションで立地には恵まれているものの，築年数が浅い周辺の競合物件に対抗するためリニューアル工事を実施して賃貸条件と稼働率を向上させることで収益性が改善することを前提にした収益価格を算定し，それを根拠として不動産価格を決定しました。

（4） DDの実施

不動産DDは専門業者に依頼して不動産鑑定評価とエンジニアリングレポートを取得し，軽微な指摘事項はあったものの治癒可能で特段問題にはならず，鑑定評価額についてもB社が入札時に検討していた価格に近い金額が報告されたことからスムーズに進みました。

一方で，法務DDでは株式の来歴が問題となりました。社長の姉の子が保有する株式は法人の確定申告書には株主として氏名の記載があるものの，譲渡制限株式であるにもかかわらず会議体の決議がなされた書類や譲渡・贈与にかかわる契約書がないということが判明しました。社長は間違いなく姉の子が株主だと主張するのですが，よく話を聞くとかつて親族に分散していた株式を集約した際に手続上の不備があったようでした。株式譲渡後，親族から株主であることを主張されるおそれがありましたが，当該リスクの顕在化の程度を考慮して契約の表明保証及び補償条項で手当てすることで整理できました。

（5） 譲渡契約及び引継ぎ

DDの結果，譲渡金額の修正を行うべき事象は発見されず，当初の提示金額で株式譲渡契約が締結されました。契約と同時に従業員に対してM&AによってB社傘下になることが通知されました。社長と同年代であった従業員は社長の引退に合わせて退職するとの申出があり，これまでの功績に報いるため割増退職金が支給されることとなりました。

A社はB社傘下となりM&Aを推進していた社員が新代表に就任し，賃貸管理から会社事務までB社と連携して運営を行うようになりました。保有する不動産は老朽化が進んでいたことから建物の外観から内装まで大幅にリニューアル，カフェを併設するなど入居者と周辺住民との調和を図り，収益性もアップさせることに成功しました。

株主であった元A社社長は，売却代金を元手に自宅を郊外の戸建住宅から駅近のタワーマンションに買替え不自由なく暮らすとともに，相続対策として不動産購入を検討しているということです。

事例2「世界的感染症拡大局面でのホテルの引継ぎ事例」

■対象会社C社の概要

- 関西圏にホテル1棟を保有・運営する会社
- 代表者は60代で後継者不在
- 株主は代表者及び子
- ホテルに従事する従業員約20名
- 主な資産は築年数は30年以上経過するホテル
- 資産規模約10億円

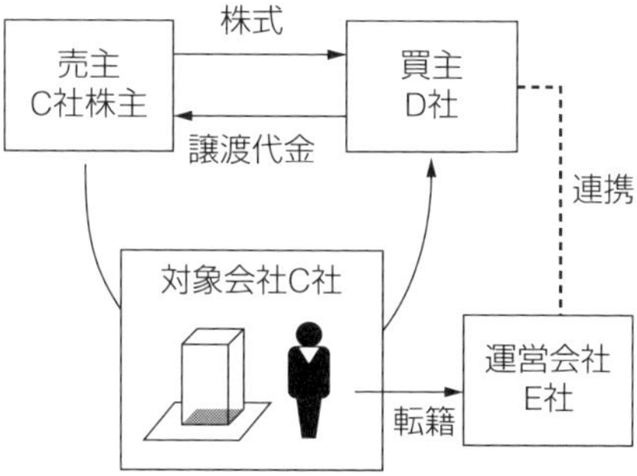

(1) 会社の概要

対象会社C社は現社長がホテル事業を行うために創業した会社でした。建築から30年が経過し，設備の老朽化が目立つとともに部屋の広さやレイアウトも今の時代に合っていないということで数年前に大規模なリニューアル工事を実施していました。しかし，世界的な感染症の拡大で宿泊需要が急速に縮小し，営業休止に追い込まれてしまいました。

従業員の雇用を確保しつつ，資金流出を最小限にするためには大きな資本のある会社に買収してもらうことが必要であるとの判断でホテルの売却を進めることになりました。

(2) 不動産 M&A 選択に至る経緯

顧問税理士に相談したところ，税理士事務所で M&A の取組み実績があり，アドバイザーとしてサポートしてもらえることになりました。問題は通常の営業ができないホテルの評価をどのように見積もればよいかということでした。これについては不動産鑑定士に鑑定評価を依頼して，収益価格と積算価格の両価格を比較考量し，通常営業に戻る可能性を織り込んだ価格の提示を受け，これをベースに売り希望価格を設定しました。

(3) 譲受企業の決定

譲受企業 D 社はファンド運営会社で投資対象は不動産に限らず事業会社にも投資するスタンスでした。感染症拡大による宿泊需要減退は深刻との認識はあるものの，投資の好機ととらえ購入の意向を表明するに至りました。ホテルの運営にノウハウがあるわけではないため，全国的なホテル運営会社 E 社とパートナーを組んで経営していく方針とのことでした。

(4) DD の実施

エンジニアリングレポートでは 30 年前のホテルであり既存不適格建築と指摘される箇所は過去のリニューアル工事で現行法に適合する状態になっているということでプラスに影響しました。鑑定評価においては数年かけて宿泊需要が回復するシナリオを採用して収益性の面から価格が決定され，D 社の考える事業収支とも整合する結果となりました。

税務 DD で過去の確定申告において処理に不備があり，税務調査で否認される可能性があるとの指摘があり，影響が大きい金額であったため売買代金の一部は否認リスクが解消した時点まで留保するエスクロー決済となりました。

（5） 取引実行後の売主と従業員

ホテルの立地が観光客の拠点となる市街地の中心にあったことがプラスに影響し，観光需要が戻ってくればその恩恵を受けやすいという買主の目論見がありました。誰も予想できない感染症が拡大する中でも買主があらわれたことに社長は驚くとともに無事に決済ができたことに安心していました。

従業員はホテル運営会社Ｅ社に転籍となりました。転籍は人事管理の都合もありますが，Ｅ社が運営する他のホテルでも働けるようになり，従業員にとって様々な勤務地と職種が選択することができるようになりました。

5　M&Aにおける企業不動産戦略

不動産DDによって，企業が所有・使用する不動産の物理的，経済的，法的な状況が整理，把握され，資産全体の中で個別不動産について継続保有・使用，売却，購入といった戦略につなげることができるようになります。不動産M&Aによって買収されるとしても，売主側で不動産の収益性を向上させる等の最適化を行うことで，買収価格の最大化を図ることができます。また，買主は自社の不動産に買収企業の不動産が加わることから，M&A検討段階から買収後の不動産最適化を検討し企業価値の最大化を図ります。

不動産M&Aを含むM&Aの場面に限らず，企業が所有・貸借する不動産を企業不動産（CRE：Corporare Real Estate）と称して，この企業不動産について，企業価値向上の観点から経営戦略的視点に立って見直しを行い，不動産投資の効率性を最大限向上させていこうという考え方を企業不動産戦略（CRE戦略）といい，2008年4月に国土交通省から「CRE戦略を実践するためのガイドライン」が公表され，その重要性が広く認識されるようになりました。

不動産の取得，保有・管理，売却を単体で捉えて，担当部署が縦割りで管理を行うのではなく，経営と不動産を相互にリンクさせて戦略を構築することが必要なります。

1　企業を取り巻く不動産の変化と企業不動産戦略

高度成長期からバブル期にかけて土地価格は右肩上がりに上昇していく土地神話に支えられ，企業は不動産を積極的に所有し，また，その不動産を担保にして，設備投資や不動産の購入の資金を借り入れました。しかし，バブル崩壊によって所有不動産は含み損を抱え，経営改善のため損失計上をしてでも不動産をリストラ，オフバランスして資産規模の縮小を進めました。その間に地価は下落を続け，不動産は二極化し市場価値のあるものとないものに分かれます。市場価値のある不動産は証券化市場の拡大によって国内外の投資資金を呼び込むことで再び地価上昇する地点が生まれ，そしてファンドバブルが形成されその後リーマンショックを経て今に至ります。

企業の不動産に対する認識も変化し，企業活動が継続できるのであれば賃貸借でよく，必ずしも所有することにこだわらなくなりました。自社ビルを第三者に売却してそのまま賃借して利用を継続するセールアンドリースバックや，社宅を売却処分し会社名義で借り受けたマンションを社宅として提供するなど，所有と使用の分離が進みました。不動産の経済価値の考え方も，バブル崩壊以前は市場価値に着目した取引事例比較法が重視されていましたが，崩壊以後は不動産を利用することに価値をおいた収益還元法が重視されるようになりました。

	バブル崩壊以前		バブル崩壊以降
不動産の保有方針	所有・資産規模拡大	→	バランスシートのスリム化
地価動向	地価上昇前提	→	優勝劣敗の二極化
評価方法	取引事例比較法	→	収益還元法

2 M&Aにおける CRE 戦略

(1) 売主サイドの CRE 戦略

売主側でみると，譲渡対象会社は中小企業であることがほとんどであり，株主であるオーナー個人と会社の資産が一体となって利用されていることがあります。個人が所有する事業用不動産は事前に売買等によって会社所有となるよう整理しておきたいところです。買主としては，個人資産が残ってしまうことで買収後の事業運営にコントロールできないオーナーの影響を受けることは避けたいからです。オーナーにとっても個人の不動産は相続財産となり，資産を承継する子に譲渡した会社が利用する流動性の低い不動産を残すことは望ましくないといえます。

なお，個人資産を譲渡した際には，オーナーは譲渡益に対して税金が課されることになり手取額に影響します。特に土地については取得原価が低く，長期譲渡所得の税率は約20％となっており，負担する金額として少なくありません。また，会社は個人資産を取得しても事業の生産性はこれまでと変わらないため，取得資金を金融機関から調達する場合，キャッシュフローとバランスシートへのマイナスの影響がないか精査する必要があります。

また，オーナー資産と企業不動産の切り離しのほかに，市場性の低い雑種地や農地，林地等については，買主にとっても処分に苦慮するもので，ゼロ評価又は引き取るに当たってマイナス評価になってしまう可能性があるのでなるべく早い時期から処分に向けた準備を進める必要があります。

(2) 買主サイドの CRE 戦略

買主は，売主の不動産戦略が最適であるかを検討するだけではなく，買収によって自社が保有する不動産と合わせて最適な戦略を構築する必要があります。PMI（Post Merger Integration）とは買収後に実施される統合プロセスのことで，買収シナジーが最大限発揮できるよう経営面だけではなく，事業，財務・経理，労務の見直しが行われます。不動産についても不動産DDで得られた情報を基に検討・分析を通じてプランが作成され，買収後に具体的に実行されます。本社機能の集約，拠点の統合，寮・社宅の共通化によって，不動産の効率的な利用を通じて企業価値を高めることにつながります。

3　CRE戦略の実践

(1)　CREマネジメントサイクル

CRE戦略の実行に当たっては，一定のサイクルを構築して改善を図ることを繰り返す仕組みづくりが必要となります。これをCREマネジメントサイクルといい，①Research（調査・把握），②Planning（計画），③Practice（実施・実行），④Review（点検・評価），⑤Reserch（処置・改善）によって構成されます。

〔CRE マネジメントサイクルのイメージ〕

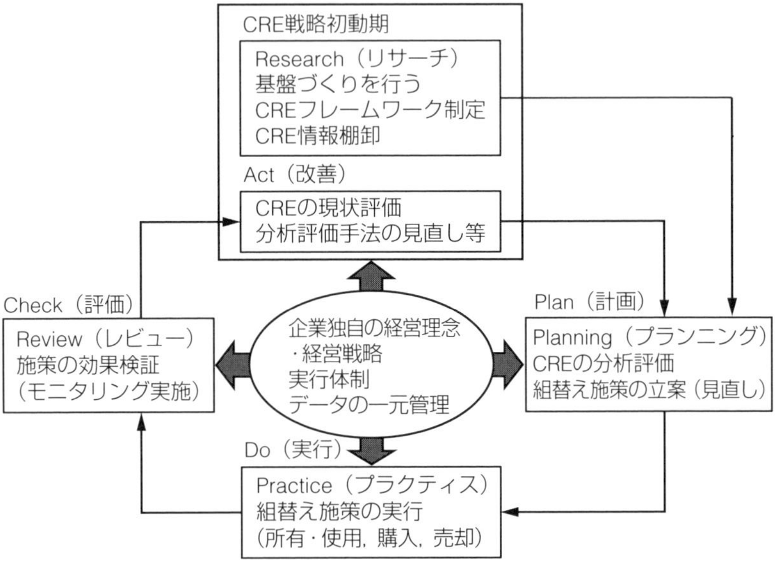

（出所：国土交通省　CRE 戦略を実践するためのガイドライン）

（2）　プランニング

DD による情報収集は初動期のリサーチ段階に当たります。次のプランニング段階では，企業不動産をコア事業・ノンコア事業，事業用・非事業用に分類整理して，個別不動産についてそれぞれの分類の中での位置付けについてポジショニングマップを作成・分析し，方向性を見出していきます。

コア事業（中心的事業）	
事業用	非事業用
・　工場 ・　研究所 ・　本社 ・　支店・営業所・店舗 ・　倉庫	・　賃貸マンション ・　賃貸オフィス ・　貸宅地
本社，支社は企業が所有していることが多く，賃貸オフィスとすることも考えられます。工場，営業所は拠点の統廃合の可能性を検討することになります。	賃貸事業用の不動産となります。本業での利益を賃貸事業によって支えていることもありますが，売却することで売却資金を本業の設備投資等に充当することができます。
ノンコア事業（コア事業以外の事業）	
事業用	非事業用
・　社宅 ・　研修所 ・　保養所 ・　レクリエーション施設	・　駐車場 ・　未利用地，遊休地
直接収益を生み出すものではなく，従業員の福利厚生に寄与する利用であり，借上げ社宅や家賃補助等の代替手段がとりやすく売却・処分の選択となりやすいといえます。	これまで高度な活用が行われてこなかった経緯を確認し，今後も活用することが困難と判断されるものであれば，売却・処分が選択されることになります。

〔ポジショニングマップ〕

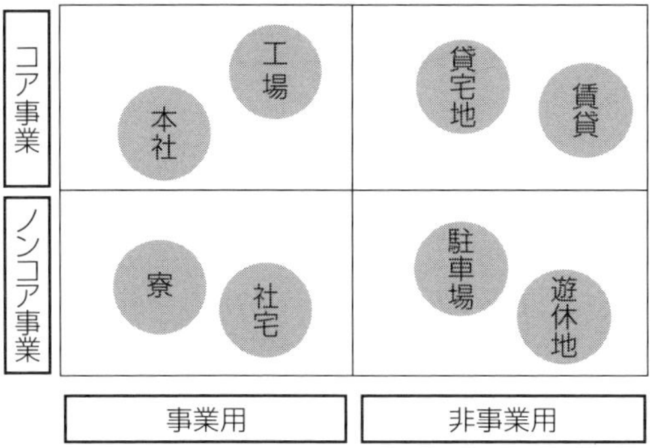

(3) プラクティス

プランニングで策定された計画に基づいて実行する段階になります。①継続所有・使用，②購入，③売却が具体的なアクションとなります。継続所有では用途変更やリニューアルなど価値を高める施策も含まれます。また，売却では売却方法，売却価格の設定を行い計画どおりにいかなければ適宜修正を加えていく必要があります。

(4) レビュー

プラクティスの結果が策定した計画どおりの成果が実現できているか検証を行います。予定と異なる結果であれば，その原因を分析して改善につなげていきます。以降，CRE マネジメントサイクルを繰り返すことで不動産の最適化が図られていきます。

参考資料

■〔参考資料 1〕役所等調査チェックリスト

■〔参考資料 2〕鑑定評価に必要な資料リスト

■〔参考資料 3〕不動産鑑定評価書の例

（路線商業地域の貸家及びその敷地）

■〔参考資料 4〕企業概要書

■〔参考資料 5〕株式譲渡契約書の例

〔参考資料 1〕役所等調査チェックリスト

所在及び地番	
住 居 表 示	
調　査　先	□市役所，役場　□都道府県庁　□（　　　　）土木事務所　□
項　目	内　　容
都市計画区域	□市街化区域　□市街化調整区域　□非線引都市計画区域 □都市計画区域外
用途地域	□第一種低層住居専用地域　□第二種低層住居専用地域 ・外壁後退距離：□隣接地より　　m　□道路から　　m ・建築物の高さ：□ 10m　□ 12m　□　　m □第一種中高層住居専用地域　□第二種中高層住居専用地域 □第一種住居　□第二種住居　□準住居　□田園住居　□近隣商業 □商業　□準工業　□工業　□工業専用
建ぺい率	□ 40　□ 50　□ 60　□ 80　□その他
容 積 率	□ 80　□ 100　□ 150　□ 200　□ 300　□ 400　□ 500　□ 600 □ 700　□ 800　□ 900　□その他 ・前面道路幅員 12m 未満の容積率低減係数（□ 0.4　□ 0.6　□その他　　）
高度地区	□第 1 種　□第 2 種　□第 3 種　□第 4 種　□第 5 種 □指定なし　高度指定（　　m）
防火地域	□防　火　□準防火　□法 22 条　□指定なし
日影規制	□（高さ　　m）（　　時間）（　　時間）　□対象区域外
立地適正化計画	□計画有（都市機能誘導区域　□内　□外　居住誘導区域　□内　□外） □計画無
その他	□宅地造成工事等規制区域　□風致地区　□駐車場整備地区 □高度利用地区　□臨港地区（工業港区・商港区・　　　） □河川保全区域（河川区域の境界から　　m）
市街地開発事業等	□土地区画整理事業 （名称：　　　　進捗：　　　　） □市街地再開発事業
都市計画施設	□都市計画道路 名称：　　　　計画幅員： 進捗：□計画決定済 → □事業決定済 → □ 事業終了済 計画決定番号：　　　　計画決定日： 事業決定日：　　　　事業完了日： □都市計画公園 （名称：　　　　進捗：　　　　）
地区計画	□名称：　　　　内容（誘導容積率等）：
建築線の指定	□土地改良区（　　m）　□船場建築線（　　m）　□耕地整理
協定等	□建築協定　□緑化協定　□ 86 条協定（一団地関連協定） □（　　　　）

災害関連 【土砂災害防止法・ 津波防災地域づくり法】	土砂災害警戒区域 （イエローゾーン）　□指定有　（　　　　　　　）　□指定無	
	土砂災害特別警戒区域 （レッドゾーン）　□指定有　（　　　　　　　）　□指定無	
	ハザードマップに記載の浸水エリア □浸水深無 □浸水深有　（　　m 以上　　m 未満）	□津波災害警戒区域内 □津波災害特別警戒区域内
埋蔵文化財	□指定有　□指定無　ヒアリング方法と場所（　　　　　　　　） 埋蔵文化財指定地名称（　　　　　　　　　　　　　　　　）	
供給処理施設	上水道　□有　□引込可　□無　□不明	
	下水道　□有　□引込可　□無　□不明	
	都市ガス　□都市ガス　□プロパン　□簡易　□無　□不明	
接面道路の状況		
主要道 方位： 路線価：　千円／m^2 境界確定：□有　□無	名称： 幅員：□現況　□認定　→　m　歩道：□有　□無 基準法上の扱い　□ 42 条 1 項 1 号　□ 2 号　□ 3 号　□ 4 号　□ 5 号 □ 42 条 2 項　□ 42 条 3 項　□ 43 条 2 項 1 号 □ 43 条 2 項 2 号（旧：□ 43 条但書き適用）	
道路 1 方位： □側道　□背面道 境界確定：□有　□無	名称： 幅員：□現況　□認定　→　m　歩道：□有　□無 基準法上の扱い　□ 42 条 1 項 1 号　□ 2 号　□ 3 号　□ 4 号　□ 5 号 □ 42 条 2 項　□ 42 条 3 項　□ 43 条 2 項 1 号 □ 43 条 2 項 2 号（旧：□ 43 条但書き適用）	
道路 2 方位： □側道　□背面道 境界確定：□有　□無	名称： 幅員：□現況　□認定　→　m　歩道：□有　□無 基準法上の扱い　□ 42 条 1 項 1 号　□ 2 号　□ 3 号　□ 4 号　□ 5 号 □ 42 条 2 項　□ 42 条 3 項　□ 43 条 2 項 1 号 □ 43 条 2 項 2 号（旧：□ 43 条但書き適用）	
道路 3 方位： □側道　□背面道 境界確定：□有　□無	名称： 幅員：□現況　□認定　→　m　歩道：□有　□無 基準法上の扱い　□ 42 条 1 項 1 号　□ 2 号　□ 3 号　□ 4 号　□ 5 号 □ 42 条 2 項　□ 42 条 3 項　□ 43 条 2 項 1 号 □ 43 条 2 項 2 号（旧：□ 43 条但書き適用）	

〔参考資料 2〕鑑定評価に必要な資料リスト

物的確認資料		
大項目	小項目	入手 ○×
地図	住宅地図	
法務局関連	登記簿	
	公図写し	
	地積測量図	
	建物図面	
	地役権図面等	
測量図	現況測量図	
	確定実測図	
境界関係	境界確定書（民民）	
	道路境界確定書等	
	越境覚書	
竣工図	竣工図	
	設計図面	
	増築図面	
建築確認	検査済証	
	確認済証・確認通知書	
	建築確認申請書	
修繕工事	修繕工事履歴	
契約関係	売買契約書	
	重要事項説明書	
	道路占用許可書	
	その他契約書	

収支関係資料		
大項目	小項目	入手 ○×
賃貸借契約	建物賃貸借契約書・覚書	
	土地賃貸借契約書・覚書	
	駐車場契約書	
建物管理	建物管理委託契約書	
収支関係	月次精算報告書	
	年間収支報告書	
	レントロール（賃貸条件一覧表）	
公租公課	固定資産税課税明細書（土地・建物）	
	償却資産課税台帳	
損害保険	損害保険証書	
レポート等		
各種レポート	土壌調査レポート	
	アスベスト調査レポート	
	耐震診断レポート	
	マーケットレポート	
	その他調査レポート	

〔参考資料 3〕不動産鑑定評価書の例（路線商業地域の貸家及びその敷地）

鑑定評価額

　　金○円也

価格の種類

　正常価格

価格時点

　○年○月○日

本件鑑定評価に当たっては，自己又は関係人の利害の有無その他いかなる理由にかかわらず，公正妥当な態度を保持し，専門職業家としての良心に従い，誠実に不動産の鑑定評価を行った。

不動産鑑定士　　○○　○○

Ⅰ．対象不動産の表示

【土地】

所在・地番	地目	地積
○○県○○市○○一丁目○番○	宅地	○ m^2
○○県○○市○○一丁目○番○	宅地	○ m^2
○○県○○市○○一丁目○番○	宅地	○ m^2
	登記簿合計	○ m^2
	実測	○ m^2

【建物】

所　　　在	○○県○○市○○一丁目○番地○，○番地○，○番地○
家屋番号	○番○の○
種　　　類	店舗
構造及び階層	鉄骨造亜鉛メッキ鋼板葺平家建
築年月日	平成○年○月○日新築（登記簿）
床　面　積	○ m² （登記簿）

Ⅱ．鑑定評価の基本的事項

1．対象不動産の種別及び類型

「路線商業地」・「貸家及びその敷地」

2．鑑定評価の条件

(1) 対象確定条件

対象不動産の現況を所与として鑑定評価を行う。

(2) 想定上の条件

なし

3．価格時点

○年○月○日

4．価格の種類

正常価格

5．不明事項に係る取扱い

不明事項とは，鑑定評価における資料収集の限界，資料不備等によって明らかにすることができない事項であり，価格形成要因の分析との関連における必要な記載を，個別分析の項目ごとの記載の中で必要に応じて説明する。

Ⅲ．鑑定評価の依頼目的等

1．依頼者及び鑑定評価書が依頼者以外に提出される場合における当該提出先

(1) 依頼者

○○○○株式会社

(2) 鑑定評価書が依頼者以外に提出される場合における当該提出先

なし

2. 開示範囲又は公表の有無
(1) 鑑定評価額等の依頼者以外への開示の有無及び開示先
売買当事者，金融機関に開示予定である。

(2) 鑑定評価額等の公表の有無
なし

3. 鑑定評価の依頼目的
売買の参考

Ⅳ. 鑑定評価の依頼目的及び条件と価格の種類との関連

本件は，前記依頼目的により，「市場性を有する不動産について，現実の社会経済情勢の下で合理的と考えられる条件を満たす市場で形成されるであろう市場価値を表示する適正な価格」を求めるものであり，求めるべき価格は正常価格である。

Ⅴ. 鑑定評価を行った年月日

○年○月○日

Ⅵ. 関与不動産鑑定士及び関与不動産鑑定業者に係る利害関係等

1. 関与不動産鑑定士及び関与不動産鑑定業者の対象不動産に関する利害関係等
関与不動産鑑定士及び関与不動産鑑定業者の対象不動産に関する利害関係又は対象不動産に関し利害関係を有する者との縁故若しくは特別の利害関係の有無及びその内容：いずれもない。

2. 依頼者と関与不動産鑑定士及び関与不動産鑑定業者との関係
依頼者と関与不動産鑑定士及び関与不動産鑑定業者との間の特別の資本的関係，人的関係及び取引関係の有無並びにその内容：いずれもない。

3. 提出先等と関与不動産鑑定士及び関与不動産鑑定業者との関係
本鑑定評価額が依頼者以外の者へ開示される場合の当該相手方又は本鑑定評価書が依頼者以外の者へ提出される場合における当該提出先と関与不動産鑑定士及び関与不動産鑑定業者との間の特別の資本的関係，人的関係及び取引関係の有無並びにその内容：いずれもない。

Ⅶ. 対象不動産の確認

1. 物的確認
(1) 実地調査を行った年月日
○年○月○日

(2) 実地調査を行った不動産鑑定士の氏名
　不動産鑑定士　○○　○○

(3) 立会人の有無
　○○○○株式会社　○○　○○

(4) 実地調査を行った範囲
　土地：建物周囲の敷地部分及び隣地境界　等
　建物：外観調査

(5) 実地調査を一部できなかった理由及び対応方法
　実地調査時点において，貸室部分については内覧が不可能な部分を外観目視を行い，当該部分の設備や仕上げは目視による確認で可能な範囲で判断している。
　また，土地の境界について，隣接民有地のうち立入が困難な部分については，図面等により合理的に推定できるものと判断した。

(6) 確認に用いた資料
①土地関係
・登記簿　・住宅地図　・公図写し　・確定実測図　・建築計画概要書　等
②建物関係
・登記簿　・建物図面　・賃貸借予約契約書　・建築計画概要書　等
③テナント関係
・賃貸借契約書　等

(7) 実地調査により確認した事項
土地，建物の位置，形状，規模，用途等

(8) 実地調査により確認した内容
①確認資料との照合結果
　確認に用いた資料と照合した結果，価格形成に影響を与えるような重要な不一致は見当たらず，おおむね一致することを確認した。

②特記事項
　特になし。

(9) 評価上採用する数量
　土地：実測数量
　建物：登記簿数量

2．権利の態様の確認
（1）所有権
①所有者
　土地：○○○○株式会社
　建物：○○○○株式会社
②確認に用いた資料
　○年○月○日時点における登記簿　等

（2）賃貸借契約の内容
①建物の賃貸借契約内容
　a．契約内容の概略
　　賃貸人：○○○○株式会社
　　賃借人：○○○○株式会社
　　賃貸借は普通借家契約で，その賃料は固定賃料で月額○円である。
　b．確認に用いた資料
　　賃貸借契約書　等

Ⅷ．鑑定評価額決定の理由の要旨

1．一般的要因の分析
【省略】

2．地域分析
（1）同一需給圏における市場動向
①同一需給圏の範囲
　対象不動産が属する同一需給圏の範囲は，○○市を中心に隣接市にかけての路線商業地域一円。
②同一需給圏の特性及び需要者の属性
　対象不動産が存する○○市は市内西部に位置し，住宅地域を商圏として幹線道路沿いには路線商業地域も形成されており，飲食店舗等が見られる。
　同一需給圏において想定される市場参加者は，収益物件としての取得を企図する不動産業者や個人富裕層等が考えられる。
③地価動向
　○○市の商業地における，○年以降の地価公示価格の平均価格及び平均変動率並びに公示地（○　○-1）の公示価格及び変動率の推移は以下のとおりである（各年1月1日時点）。【図表は省略】

（2）近隣地域の状況
①対象不動産の位置及び近隣地域の範囲
　対象不動産の位置は，○○線「○○」駅の南西方約○ km，その属する近隣地域の範囲は，対象不動産が北東側で接面する市道の両側沿道地域のうち，対象不動産を起点に北西方約○ m，南東方約○ m。

②近隣地域の地域的特性

a. 街路条件

地域の標準街路は幅員約○mの市道であり，系統及び連続性はおおむね良好。

b. 交通・接近条件

○○線「○○」駅の南西方約○km，道路交通量は比較的あり，交通利便性は総じて普通程度である。

c. 環境条件

(a) 自然的状態

地勢：緩傾斜，地盤：普通

(b) 供給処理施設

公共上下水道及び都市ガス整備済

(c) 危険・嫌悪施設，自然的災害，公害

特になし

(d) 近隣地域の環境等

近隣地域は幅員約○mの市道沿いに沿道型店舗等がみられる路線商業地域である。

d. 行政的条件

都市計画区域，市街化区域

第一種住居地域，指定建蔽率○%，指定容積率○%（基準容積率○%）

第○種高度地区，日影規制（○h−○h　○m），法22条区域，宅地造成工事規制区域

e. 標準画地及び標準的使用

標準画地：地積○ m^2 程度の長方形状の中間画地

標準的使用：沿道商業施設等の敷地

f. 今後の動向

当該地域においては，価格形成に影響を与えるような要因は特段見られず，当面現状程度にて推移するものと予測。

3. 個別分析（対象不動産の状況）

(1) 土地の個別的要因

街路条件	北東側：幅員　約○m市道（○線） 建築基準法第42条第1項第1号道路 系統連続性はおおむね良好
交通・接近条件	近隣地域に同じ。
環境条件	近隣地域に同じ。
行政的条件	近隣地域に同じ。

画地条件	形　　状：北東側間口約○ m，奥行約○ m 　　　　　ほぼ台形状の中間画地 接面状況：前記道路にほぼ等高接面 地　　積：○ m^2（確定実測図） 境界確定：官民，民民ともに境界確定済み。
埋蔵文化財の有無及びその状態	対象不動産は周知の埋蔵文化財包蔵地には該当しない。よって当該事項について価格形成要因から除外して鑑定評価を行うこととした。
地下埋設物の有無及びその状態	対象地にはおおむね敷地全体にわたって建物が建築されていることから，将来の建て替え等に際して最有効使用の実現に障害となる地下埋設物はないと判断される。よって当該事項について価格形成要因から除外して鑑定評価を行うものとした。
土壌汚染の有無及びその状態	目視による観察を行ったが，土壌の変色，異臭等の土壌汚染の可能性が認められる原因は発見できなかった。また，対象地は土壌汚染対策法の規定による「要措置区域」又は「形質変更時要届出区域」の指定はなされておらず，水質汚濁防止法・下水道法上の特定施設の届出もなされていない。以上より，本件では土壌汚染の有無は価格に対する影響が小さいと判断されるので，価格形成要因から除外して鑑定評価を行うこととした。
標準画地と比較した増減価要因	増価要因：なし 減価要因：なし
最有効使用の判定	地域分析，個別分析及び市場分析から，対象地の最有効使用を「沿道商業施設等の敷地」と判定した。

(2) 建物の個別的要因

①建物概要

利用状況	飲食店舗，屋外駐車場
構造・階数	鉄骨造亜鉛メッキ鋼板葺平家建
面積	建築面積：○ m^2（建築計画概要書） 延床面積：○ m^2（登記簿）
建築時期	○年○月○日（登記簿）

②建物の状況等

a. 建物の状況

対象建物は建築後約○年経過した低層店舗であり，おおむね良好に維持管理されている。特段，大きな破損等は見受けられず，経年の程度から，今後の計画的な修繕・更新が推奨される。

b. 遵法性

対象建物に係る検査済証が交付されており，適法に建築されたものと判断される。

c. 耐震性

対象建物は，検査済証の交付を受け，建築時期からいわゆる新耐震基準に基づく建築基準法による確認を受けていると認められる。よって，価格形成に大きな影響を与えることがないものと判断し，耐震性については，価格形成要因から除外して鑑定評価を行うこととした。

d. 有害な物質の使用の有無及びその状態

建物の構造及び竣工年等により，吹付けアスベスト及びPCBが使用されている可能性は低いと思料される。よって，価格形成に大きな影響を与えることがないものと判断し，有害な物質の使用の有無については，価格形成要因から除外して鑑定評価を行うこととした。

(3) 建物及びその敷地の個別的要因

敷地内における建物の配置の状態に問題はなく，敷地と建物は適応の状態にある。また，対象建物は沿道商業施設として使用されており，周辺環境とも適合している。また，維持管理の程度も外観からおおむね適切になされているものと思料される。

(4) 対象不動産に係る典型的な需要者層

売買市場における典型的な需要者としては，収益物件としての取得を企図する不動産業者や個人富裕層等が挙げられる。

(5) 代替競争関係にある不動産との比較における優劣及び競争力の程度

対象不動産は，現況沿道商業施設として賃貸され，○○社によって店舗運営がなされている。したがって，テナントの信用力は高く，賃貸収入を目的とする物件としての商品性が認められる。以上より，同一需給圏内における対象不動産の競争力の程度は普通程度と判断する。

(6) 建物及びその敷地の最有効使用の判定

対象不動産は，建物取壊しや用途変更を行うことは妥当ではなく，現況のまま継続利用することが最有効使用であると判定した。

4. 鑑定評価の方針及び鑑定評価の手法の適用

(1) 鑑定評価の方針

本件は貸家及びその敷地の鑑定評価であるので，原価法と収益還元法を適用して，鑑定評価額を決定する。

なお，本件においては，類似性，規範性の高い取引事例を収集することが困難であったため，取引事例比較法は採用せず土地建物一体の売買事例を参考とするに留めた。

【評価手法】
A．原価法
B．収益還元法

(2) 鑑定評価の手法の適用
A．原価法
原価法は，価格時点における対象不動産の再調達原価を求め，再調達原価について減価修正を行って対象不動産の価格を求める手法である。
①再調達原価
a．土地
取引事例比較法による比準価格は，別紙【別紙の添付は省略】のとおり査定を行った結果，以下の比準価格及び規準価格を得た。

比準価格　○円/m^2
規準価格　○円/m^2
(地価公示地　○　○-○の公示価格を規準)
以上，比準価格を標準に，規準価格との均衡にも留意して，対象地の更地価格を，以下のとおり査定した。

更地価格（単価）		地積		更地価格（総額）
○円/m^2	×	○ m^2	≒	○円

b．建物
再調達価格について，類似建物の建築費を参考に，対象建物の再調達価格を○円と査定した。
c．付帯費用
デベロッパー等からの聴取及び各種資料を参考に，開発に伴う費用，開発利益相当額等を考慮の上，査定した。
d．再調達原価
更地価格，建物再調達価格及び付帯費用を合計し，対象不動産の再調達原価を査定した。

②減価修正
土地については，減価はないと判断した。
建物については，耐用年数に基づく方法及び観察減価法を併用して減価額を査定した。なお，対象不動産は最有効使用の状況にあり，土地・建物・付帯費用一体としての減価はないものと査定した。

③原価法による積算価格

以上の通り，価格時点における対象不動産の再調達原価について減価修正を行い，さらに土地・建物・付帯費用一体としての市場性をも考慮のうえ，原価法による積算価格を○円と試算した。

B．収益還元法

収益還元法は，対象不動産が将来生み出すであろうと期待される純収益の現在価値の総和を求める手法である。本件においては，対象不動産に帰属する単年度の純収益を還元利回りで還元して求める方法である「直接還元法」を適用して収益価格を求める。

①運営収益の査定

運営収益は，賃貸借契約に基づく賃料を家賃収入として計上した。

②運営費用の査定

運営費用は，テナント負担に係るものを除く，修繕費，プロパティマネジメントフィー，公租公課，損害保険料をそれぞれ査定し，算定した。

③純収益の査定

運営収益から運営費用を控除し，賃借人からの敷金運用益相当額，建物の更新のための資本的支出相当額を加算控除し，算定した。

④還元利回りの査定

還元利回りは，一期間の純収益から対象不動産の価格を直接求める際に使用される率である。本件では，類似用途の利回りを基準とし，対象不動産の立地条件及び建物築年数，契約条件による賃料変動リスク等によるスプレッドを加減し，還元利回りを○%と査定した。

⑤収益還元法による収益価格

純収益を還元利回りで還元して，収益還元法による収益価格を○円と試算した。

5．試算価格の調整と鑑定評価額の決定

（1）試算価格の調整

以上により 2 試算価格を得た。

原価法による積算価格	○円
収益還元法による収益価格	○円

両試算価格間に開差が認められるため，鑑定評価の手法及び採用した資料の有する特徴に応じた斟酌を加え，鑑定評価の手順の各段階について客観的批判的に再吟味するとともに，対象不動産に係る市場特性等を検討のうえ，鑑定評価額を決定する。

①各試算価格の再吟味

積算価格は，主として費用性に着目して対象不動産の経済価値を把握したものである。
再調達原価の査定において，土地については規範性を有する取引事例に基づいて求めた比準価格を標準として求め，公示価格等との均衡にも留意している。建物については，実地調査を踏まえ，類似の建物の建築費等をも参考として査定した。また，付帯費用については，デベロッパー等からの聴取及び各種資料を参考に，開発に伴う費用，開発利益相当額等を考慮の上，査定した。このようにして査定した再調達原価に，土地・建物及び付帯費用それぞれにつき経済的残存耐用年数を判定のうえ，適切に減価修正を行い，さらに複合不動産一体としての増減価をも考慮して得た価格であり，豊富な資料に基づいて求められた妥当な価格である。
一方，収益価格は，直接還元法を採用し求め，対象不動産の収益性を反映する価格である。収益価格については，純収益の査定及び還元利回り等につき適切な資料に基づき検討のうえ適正に査定されている。
両試算価格の手法を適用する過程における共通要因の整合性について再検討を加えると，原価法において考慮した立地条件に係る土地価格や建物条件に係る建物価格，またこれらの物理的要因・機能的要因・賃貸市場動向等収支見込みに関する経済的要因は，収益還元法における新規賃料水準の査定，還元利回りの査定等において適切に考慮されている。

②各試算価格が有する説得力に係る判断
積算価格は，費用性を反映した妥当な価格であるが，建物及びその敷地一体としての収益性を適正に表示し難く，貸家及びその敷地の投資採算価値の把握という観点からは，相対的な信頼性に劣るものと思料する。
一方，収益価格は，主に収益性の観点から対象不動産の市場価値を把握したもので，近時の不動産市場においては，収益物件については賃料ないし利回りに基づく収益性を重視した価格設定がほぼ定着しており，現実の市場における実態も反映した説得力の高い価格である。
対象不動産に係る売買市場における需要者としては，前記のとおり収益物件としての取得を企図する不動産会社や個人富裕層等が中心になると考えられるが，当該需要者は対象不動産の収益性及び投資採算性を重視して取引を行う傾向が強い。よって，本件では収益価格の方が積算価格よりも相対的に説得力が高いと判断した。
以上の検討を踏まえ，本件においては，より説得力を有する収益価格を標準に積算価格を参考として，対象不動産の価格を○円と査定した。

(2) 鑑定評価額の決定
前記で得た価格を再度検討した結果，適正な価格であると認められるので，鑑定評価額を○円と決定した。

〔付　記〕
1. 不動産鑑定士の役割分担

業者分類	業者名	不動産鑑定士の氏名	署名押印	業務内容
受託業者	○○不動産鑑定株式会社	○○　○○	○	鑑定評価の手順の全段階
		○○　○○	ー	鑑定評価業務の受託審査
		○○　○○	ー	鑑定評価報告書の審査

2. 鑑定評価額は，課税資産の譲渡において課されるべき消費税額等を含まないものである。

3. 売買に当たって，徴収済みの一時金の返済債務が新所有者に承継されるならば，売買代金は，鑑定評価額から当該一時金を控除することが妥当である。

〔参考資料 4〕企業概要書

企業概要書

株式会社○○○○

会社概要

商号	株式会社○○○○
所在地	○○県○○市○○字○○番地
設立	平成○年○月○日
資本金	○万円
代表者	○○○○
業種	不動産賃貸業
従業員数	社員○名（令和○年○月末）
事業規模	売上○百万円（令和○年○月決算） 売上○百万円（令和○年○月決算） 売上○百万円（平成○年○月決算）
取引金融機関	○○銀行
その他	特になし

沿革

昭和○年○月	○○市にて株式会社○○を設立、不動産売買業を開始
昭和○年○月	○○市○○番地にA土地を取得
昭和○年○月	A土地に賃貸マンション○○を建築
平成○年○月	○○の大規模修繕工事実施
令和○年○月	不動産売買業を廃止（賃貸業は継続）

株主・株式の状況

株主	続柄	株式数	持株比率
○○ ○○	代表者	○株	○%
○○ ○○	取締役（配偶者）	○株	○%
○○ ○○	取締役（長男）	○株	○%
		○株	100%

発行可能株式数	○株
普通株以外の株式の発行	なし
譲渡承認機関	株主総会
取締役会設置	なし
監査役設置	なし

役員・従業員の状況

役員の状況

氏名	役職	年齢	年間報酬
○○ ○○	代表者	○歳	○万円
○○ ○○	取締役（常勤）	○歳	○万円
○○ ○○	取締役（非常勤）	○歳	○万円

従業員の状況

氏名	年齢	職位	勤続年数	担当業務	その他
○○ ○○	○歳	社員	○年	清掃	
○○ ○○	○歳	社員	○年	工事	
○○ ○○	○歳	社員	○年	経理	育児休業中
○○ ○○	○歳	契約社員	○年	経理・庶務	

保有資産の状況

土地

No.	所在・地番	登記地目	現況地目	地積	固定資産税評価額	固定資産税額
1	○○市○○町字○○番○	宅地	宅地	○㎡	○円	○円
2	○○市○○町字○○番○	宅地	宅地	○㎡	○円	○円
3	○○市○○町字○○番○	宅地	宅地	○㎡	○円	○円
				○㎡	○円	○円

建物

No.	所在	家屋番号	種類	構造	延床面積	建築年月	固定資産税評価額	固定資産税額
1	○市○町字○○番地○	○番	共同住宅	RC造○階	○㎡	昭和○年○月	○円	○円
2	○市○町字○○番地○	○番	倉庫	コンクリートブロック造平家建	○㎡	昭和○年○月	○円	○円
							○円	○円

物件概要

項目	内容
用途地域	近隣商業地域
建蔽率	80%
容積率	300%
防火指定	準防火地域
高度地区	第3種高度地区
日影規制	5時間 3時間 4m
その他法令	なし

項目	内容
交通	○○線○○駅徒歩○分
道路	東側○m市道
検査済証	あり
その他	物件名：○○ 部屋数○室（空室○室） ○月○日1件入居予定

地図・写真

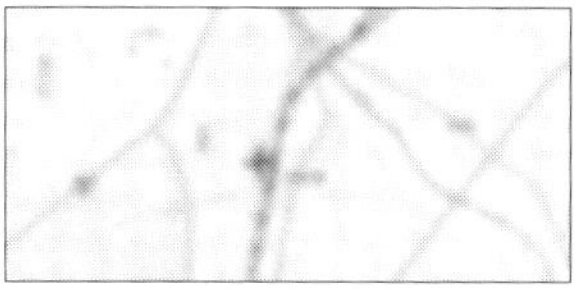

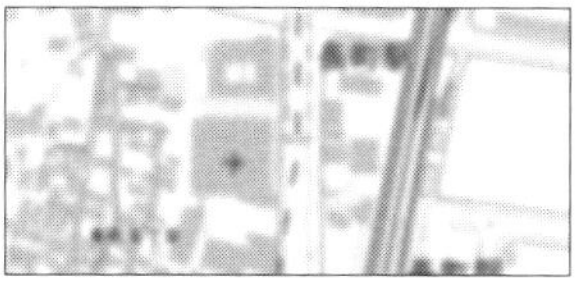

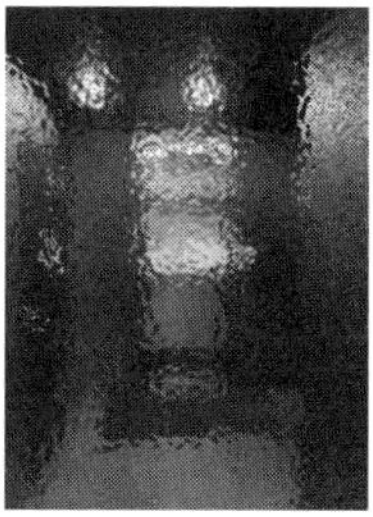

平面図

1階

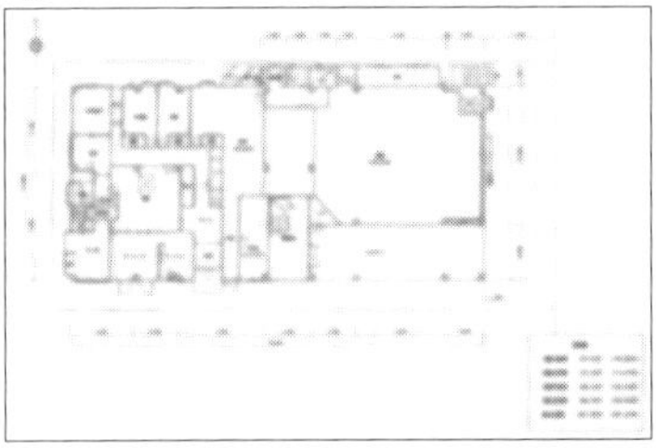

2階〜

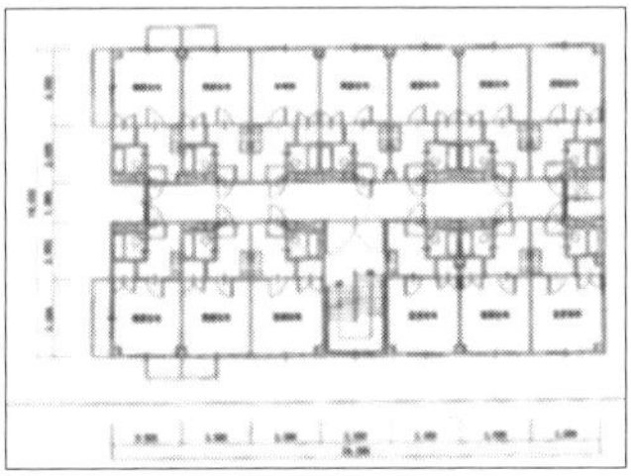

賃貸状況

部屋番号	現況	用途	入居者	契約始期	契約終期	賃料	管理費	敷金
101	入居中	居宅	個人	○年○月○日	○年○月○日	○円	○円	○円
102	空室	居宅	―	―	―	―	―	―
103	入居中	居宅	個人	○年○月○日	○年○月○日	○円	○円	○円
201	入居中	居宅	個人	○年○月○日	○年○月○日	○円	○円	○円
202	入居中	居宅	個人	○年○月○日	○年○月○日	○円	○円	○円
203	入居中	居宅	個人	○年○月○日	○年○月○日	○円	○円	○円
301	空室	居宅	―	―	―	―	―	―
302	入居中	居宅	個人	○年○月○日	○年○月○日	○円	○円	○円
…	入居中	居宅	個人	○年○月○日	○年○月○日	○円	○円	○円
…	入居中	居宅	個人	○年○月○日	○年○月○日	○円	○円	○円

収支状況

項目	金額
賃貸料	○円
管理費	○円
更新料	○円
権利金	○円
収入合計	**○円**
修繕費	○円
管理費	○円
水道光熱費	○円
公租公課	○円
損害保険料	○円
費用合計	**○円**
収入ー費用	○円

（参考）概算査定額

No.	項目	金額
①	収入	○円
②	費用	○円
③	純収益（①ー②）	○円
④	還元利回り	○%
⑤	収益価格（③÷④）	○円

財務ハイライト

	第x期 xxxx/x/xx	第x期 xxxx/x/xx	第x期 xxxx/x/xx
流動資産	xxx,xxx	xxx,xxx	xxx,xxx
現預金	xxx,xxx	xxx,xxx	xxx,xxx
固定資産	xxx,xxx	xxx,xxx	xxx,xxx
有形固定資産	xxx,xxx	xxx,xxx	xxx,xxx
建物	xxx,xxx	xxx,xxx	xxx,xxx
構築物	xxx,xxx	xxx,xxx	xxx,xxx
土地	xxx,xxx	xxx,xxx	xxx,xxx
無形固定資産	xxx,xxx	xxx,xxx	xxx,xxx
電話加入権	xxx,xxx	xxx,xxx	xxx,xxx
投資その他の資産	xxx,xxx	xxx,xxx	xxx,xxx
出資金	xxx,xxx	xxx,xxx	xxx,xxx
資産の部合計	xxx,xxx	xxx,xxx	xxx,xxx
流動負債	xxx,xxx	xxx,xxx	xxx,xxx
前受金	xxx,xxx	xxx,xxx	xxx,xxx
法人税等充当金	xxx,xxx	xxx,xxx	xxx,xxx
固定負債	xxx,xxx	xxx,xxx	xxx,xxx
長期借入金	xxx,xxx	xxx,xxx	xxx,xxx
預り保証金	xxx,xxx	xxx,xxx	xxx,xxx
負債の部合計	xxx,xxx	xxx,xxx	xxx,xxx
資本金	xxx,xxx	xxx,xxx	xxx,xxx
純資産の部合計	xxx,xxx	xxx,xxx	xxx,xxx

	第x期	第x期	第x期
自	xxxx/x/xx	xxxx/x/xx	xxxx/x/xx
至	xxxx/x/xx	xxxx/x/xx	xxxx/x/xx
売上高	xxx,xxx	xxx,xxx	xxx,xxx
賃貸料収入	xxx,xxx	xxx,xxx	xxx,xxx
販売費及び一般管理費	xxx,xxx	xxx,xxx	xxx,xxx
支払手数料	xxx,xxx	xxx,xxx	xxx,xxx
水道光熱費	xxx,xxx	xxx,xxx	xxx,xxx
修繕費	xxx,xxx	xxx,xxx	xxx,xxx
租税公課	xxx,xxx	xxx,xxx	xxx,xxx
減価償却費	xxx,xxx	xxx,xxx	xxx,xxx
雑費	xxx,xxx	xxx,xxx	xxx,xxx
営業利益	xxx,xxx	xxx,xxx	xxx,xxx
営業外収益	xxx,xxx	xxx,xxx	xxx,xxx
受取配当金	xxx,xxx	xxx,xxx	xxx,xxx
雑収入	xxx,xxx	xxx,xxx	xxx,xxx
経常利益	xxx,xxx	xxx,xxx	xxx,xxx
税引前当期純利益	xxx,xxx	xxx,xxx	xxx,xxx
法人税等充当額	xxx,xxx	xxx,xxx	xxx,xxx
当期純利益	xxx,xxx	xxx,xxx	xxx,xxx

譲渡理由・希望条件

譲渡理由	オーナーの引退希望
譲渡スキーム	株式譲渡
希望譲渡金額	○円
スケジュール	○年○月頃に株式譲渡
その他条件	なし

〔参考資料 5〕株式譲渡契約書の例

株式譲渡契約書

○○○○（以下「甲」という。）と株式会社○○○○（以下「乙」という。）は，○○○○株式会社（以下「対象会社」という。）の全株式の譲渡等につき，合意に達したので，以下のとおり契約する（以下「本契約」という。）。

第 1 条（株式譲渡）

甲は，本契約の規約に従い，○○年○○月○○日（以下「譲渡実行日」という。）に，甲が有する対象会社の全株式である○株（以下「本株式」という。）を乙に譲り渡し，乙はこれを譲り受けるものとする（以下「本株式譲渡」という。）。

第 2 条（譲渡対価）

1. 本株式の譲渡対価は，甲が有する株式につき金○円（以下「本譲渡価額」という。）とする。
2. 乙は，本契約の規定に従い，譲渡実行日に，本譲渡価額の全額である金○円を甲が指定する以下の銀行口座に振り込み送金するものとする。ただし振込送金の費用は乙の負担とする。
   甲の指定口座：
   ○○銀行○○支店
   口座番号　○○
   口座名義　○○○○

第 3 条（クロージング）

1. 甲は，譲渡実行日において，以下の行為を行うものとする。
   ① 乙に対して，対象会社の取締役を辞任する旨の甲の辞任届を交付する。
   ② 乙に対して，対象会社の代表者印及び印鑑証明書を交付する。
   ③ 乙に対して，本株式譲渡及び乙が指定する者を取締役とする旨を承認する対象会社の株主総会議事録の写しを交付する。
   ④ 乙に対して，保有不動産と全ての隣地所有者との間の境界確定に係る締結済み書面を乙へ交付する。
   ⑤ 乙に対して，保有不動産の権利証を交付し，登記名義人変更登記及び抵当権設定登記手続きを乙と協力して行う。
   ⑥ 乙に対して，対象会社宛ての○○年度固定資産税・都市計画税納税通知書を交付する。
2. 乙は，本件譲渡日において，第 2 条に従い，本譲渡価額の振込を行う。
3. 第 1 項に定める甲の行為及び前項に定める乙の行為は，譲渡実行日に，別途乙が指定する場所において，同時に行われるものとする。

第４条（義務の履行の前提条件）

1.　第３条第１項に基づく甲の義務は，以下の各号に掲げる条件が全て充足されていることを前提条件とする。

　①　第６条に規定する乙による表明及び保証が，譲渡実行日において，全ての重要な点において真実かつ正確であること。

　②　乙が，本契約に基づき譲渡実行日以前に履行すべき義務を全て履行したこと。

2.　第３条第２項に基づく乙の義務は，以下の各号に掲げる条件が全て充足されていることを前提条件とする。

　①　第５条に規定する甲による表明及び保証が，譲渡実行日において，全ての重要な点において真実かつ正確であること。

　②　甲が，本契約に基づき譲渡実行日以前に履行すべき義務を全て履行したこと。

第５条（甲の表明及び保証）

甲は，乙に対して，以下の各事項が本契約締結日及び譲渡実行日において真実かつ正確であることを表明し，保証する。

①　甲は，本契約の締結及び履行並びに本件譲渡の実行のために必要な手続を履践するための権能及び権限を有する。

②　甲は本株式を適法かつ有効に保有し，本株式の他に対象会社の株式を有しない。甲は，本株式につき，対象会社の実質的かつ株主名簿上の株主である。本株式は，いかなる者の先取権，引受権又はその他の権利又は利益を侵害することなく，全て適法かつ有効に存在し，その払込が有効に完了している。甲は，本株式全てを何らの請求権，担保権その他の負担を受けることなく，有している。

③　対象会社は，(i)適用ある法令等に基づき適法に設立され，有効に存続する株式会社であって，(ii)現在従事している事業を行うために必要な権利能力及び行為能力を有する。

④　対象会社の株主は，甲のみである。

⑤　対象会社に関して，本契約上の義務の履行に重大な悪影響を及ぼす，又は及ぼす可能性のあるいかなる訴訟，仲裁，行政手続その他の紛争が開始されておらず，かつ開始されるおそれがなく，その他の原因による潜在義務がない。

⑥　甲による本契約の締結及び履行並びにそれに基づく取引は，(i)対象会社の定款，その他内部規則に反することはなく，(ii)甲，対象会社又はそれらの事業，財産若しくは権利を拘束する法令，規則，裁判所による判決，決定若しくは命令に形式的にも実質的にも反することはなく，(iii)甲又は対象会社を当事者とする第三者との契約又は甲，対象会社若しくはそれら

の財産を拘束する第三者との契約に形式的にも実質的にも反することはない。

⑦　対象会社の発行可能株式総数は普通株式〇株であり，そのうち発行済株式の総数は〇株であり，その全てが適法かつ有効に発行され，全額払い込み済みである。この株式を除き，対象会社の株式，新株予約権，新株予約権付き社債，新株引受権付社債，転換社債，オプション，株式関連証券その他これらに類する証券若しくは権利又はこれらを取得する引受権その他の証券若しくは権利は存在せず，これらの証券若しくは権利を発行する旨の契約若しくは対象会社の決議等は存在しない。

⑧　甲が提出した対象会社の定款，契約書，報告書その他の一切の資料に記載された事実は全て正確かつ真実であり，乙に報告済みの事実を除き，提出又は報告以降において，それらの事実について，甲の義務の履行及び対象会社の業務に重大な影響を与える可能性がある重要な変更は発生していない。

⑨　対象会社は，本契約締結日から 10 年以内においていかなる行政機関からも報告徴収，立入検査，改善命令，業務の全部又は一部の停止命令，役員解任勧告，税務調査その他いかなる命令・処分も受けたことがなく，かつこれらの命令・処分を受けるおそれはない。

⑩　甲又は対象会社の(i)取締役及び従業員，(ii)これらの者により発行済株式数の過半数が所有されている会社，その関係会社及びその役員，(iii)社員並びに(iv)取引先は，暴力団員，暴力団関係団体員，暴力団関係者，その他の反社会的勢力又はこれに準ずるものの構成員又は関係者に該当しない。

第 6 条（乙の表明及び保証）

乙は，甲に対して，以下の各事項が本契約締結日及び本件譲渡日において真実かつ正確であることを表明し，保証する。

①　乙は，(i)適用ある法令等に基づき適法に設立され，有効に存続する法人であって，(ii)現在従事している事業を行うために必要な権利能力及び行為能力を有する

②　乙による本契約の締結及び履行は，乙の目的の範囲内の行為であり，乙は本契約の締結及び履行につき，法令上及び乙の内部規則において必要とされる一切の手続きを履践している。

③　乙による本契約の締結及び履行並びにそれに基づく取引は，(i)乙の定款，その他内部規則に反することはなく，(ii)乙の事業，財産若しくは権利を拘束する法令，規則，裁判所による判決，決定若しくは命令に形式的にも実質的にも反することはなく，(iii)乙を当事者とする第三者との契約又は乙の財産を拘束する第三者との契約に形式的にも実質的にも反することはない。

④　乙及び乙により発行済株式数の過半数が所有されている(i)会社，その関係会社，(ii)これらの会社の役員，(iii)株主並びに(iv)取引先は暴力団員，

暴力団関係団体員，暴力団関係者，その他の反社会的勢力又はこれに準ずるものの構成員又は関係者に該当しない。

第 7 条（甲の誓約事項）

1. 甲は，本契約締結日から譲渡実行日までの間，対象会社の代表取締役をして，自らの費用及び責任において善良なる管理者の注意をもって対象会社の経営を行わせ，本契約書に規定のない対象会社の業務・運営，資産，従業員の異動退職及び処遇等に重要な影響を及ぼす可能性のある行為に関する意思決定については，事前に乙又は乙の指定する者と協議させ，甲乙合意のうえこれを行わせるものとする。
2. 甲は，本契約締結日から譲渡実行日までの間，対象会社の株主総会において，本株式譲渡にかかる譲渡承認決議を行わせるものとする。
3. 甲は，譲渡実行日までの間に，乙による本株式譲渡の為の資金調達（以下「本資金調達」という。）に係る必要書類及び乙の顧問弁護士，顧問税理士が要請する必要書類への甲の実印押印等，手続きに合理的な範囲内において協力するものとする。

第 8 条（秘密保持）

1. 甲及び乙は，以下の各号に規定する情報を除き，相手方当事者の事前の書面による承諾なしに，本契約の交渉過程に関する情報，本契約の交渉及び履行の過程において他方当事者又は対象法人から秘密情報として受領した情報，本契約締結の事実及び本契約の内容並びに本株式譲渡その他本契約に関する一切の情報（以下，本条において「秘密情報」という。）について，本契約の目的達成のため以外に使用せず，第三者に開示してはならない。
   ① 開示を受けた時点で，受領者が既に保有していた情報
   ② 開示を受けた時点で，既に公知であった情報
   ③ 開示を受けた後，受領者の責に帰さない事由により公知となった情報
   ④ 受領者が開示者の機密情報を利用することなく独自に開発した情報
   ⑤ 受領者が正当な権限を有する第三者より守秘義務を負うことなく開示を受けた情報
   ⑥ 法令等の定めに基づき受領者に開示が要求された情報。但し，当該要求を受けた受領者は，速やかに開示者に当該事実を通知するものとする。
2. 前項の規定に拘わらず，甲及び乙は，本契約の目的達成のため合理的に必要な範囲で，甲又は乙の関連会社，金融機関，弁護士，公認会計士，税理士，司法書士，不動産鑑定士及びコンサルタントその他の専門家に対し，秘密保持義務を課した上で秘密情報を開示することができる。

第 9 条（甲による補償）

甲は，第 5 条に基づく甲の表明及び保証の重要な違反，又は本契約に基づく甲の義務の重要な違反により，本契約の目的が達成できないときは，これによ

り乙が被った損害，損失，費用（合理的な弁護士費用を含む。以下，これらを総称して「損害等」という。）について，乙に対して賠償，補償又は填補（以下「補償等」という。）をするものとする。

第 10 条（乙による補償）

乙は，第 6 条に基づく乙の表明及び保証の重要な違反，又は本契約に基づく乙の義務の重要な違反に起因又は関連して甲が被った損害等について，甲に対して補償等するものとする。

第 11 条（解除）

1. 甲は，以下の事項のいずれかが発生した場合に限り，乙に対する書面による通知により，本契約の全部（一部は認められない。）を解除することができる。
   ① 乙が本契約上の義務ないし表明及び保証に重大な違反をした場合
   ② 乙につき，破産，民事再生手続，会社更生手続，会社整理手続，特別清算その他これらに類する法的倒産手続又は私的整理の申立がなされた場合
2. 乙は，以下の事項のいずれかが発生した場合に限り，甲に対する書面による通知により，本契約の全部（一部は認められない。）を解除することができる。
   ① 甲が本契約上の義務ないし表明及び保証に重大な違反をした場合
   ② 甲につき，破産，民事再生手続その他これらに類する手続又は私的整理の申立がなされた場合
3. 前二項の規定にかかわらず，甲及び乙は，本株式譲渡後は，本契約を解除することができない。

第 12 条（費用）

本契約に特段の定めがない限り，本契約の準備及び締結並びに本件譲渡の準備及び履行に関して各当事者が負担した費用，経費及び手数料（印紙税その他の租税公課並びに弁護士，会計士，税理士，不動産鑑定士及びフィナンシャル・アドバイザー等の報酬を含むが，これらに限られない。）は各自の負担とする。

第 13 条（修正・変更）

本契約の修正，変更又は改訂は，甲及び乙又はこれらの者から正当にその権限を授権された者によって締結された書面による合意に依らない限りは，何ら拘束力を有しないものとする。

第 14 条（完全合意）

本契約は，本株式の譲渡に関する当事者の完全な合意であり，これ以前に本株式の譲渡に関して各当事者間で交わされた文書，口頭を問わず，いかなる取決めも全て失効する。

第 15 条（拘束力）

本契約は，本契約の当事者並びにその各々の承継人及び譲受人を拘束するものとする。

第 16 条（分離可能性）

本契約のいずれかの条項が，何らかの事実又は状況において適用される際に，無効又は執行不能とされた場合においても，かかる条項にはそれを有効又は執行可能とするために必要な最小限度の修正が加えられ，本契約の他の全ての条項は，本契約の当事者に対し，引き続き拘束力を有するものとする。

第 17 条（準拠法）

本契約は，日本法に準拠し，日本法に従って解釈される。

第 18 条（協議事項）

本契約に定めのない事項については，本契約の趣旨に従い，甲及び乙協議のうえこれを決定する。

第 19 条（紛争解決方法）

本契約から発生又は本契約に関連する一切の紛争については，甲及び乙の誠実な協議により解決に当たるものとするが，かかる協議が成立しない場合には，〇〇地方裁判所を第一審の専属的合意管轄裁判所とした裁判により解決するものとする。

（以下，余白）

上記の契約の成立を証するために，各当事者は，本契約書正本 2 部を作成して署名又は記名及び捺印し，甲及び乙が原本をそれぞれ 1 部ずつ保有する。

〇〇年〇月〇日

甲：〇〇県〇〇市〇町〇丁目〇番〇号
〇〇　〇〇　　㊞

乙：○○県○○市○一丁目○番○号
○○○○株式会社
代表取締役　○○　○○㊞

対象会社の所有不動産

以下，登記簿謄本記載内容

（土地）

所　在：○県○市○町○丁目
地　番：○番○
地　目：宅地
地　積：○ m^2

（建物）

所　在　：○県○市○町○丁目○番地○
家屋番号：○番
種　類　：○○
構　造　：○○造瓦葺 2 階建
床面積　：1 階○ m^2　2 階○ m^2

村上　良介（むらかみ　りょうすけ）

大和不動産鑑定株式会社　シニアマネジャー　不動産鑑定士。

不動産会社，証券会社等を経て当社に入社。中小企業オーナーの事業承継や資産家の相続対策について不動産鑑定の目線を加えたコンサルティングを展開。不動産保有会社のM&Aアドバイザーの実績も豊富。

著者との契約により検印省略

令和5年2月28日　初版発行

M&Aプレイヤーのための
不動産デューデリジェンスの基礎
調査の手順とその分析

著　者　村上良介
発行者　大坪克行
印刷所　美研プリンティング株式会社
製本所　牧製本印刷株式会社

発行所　〒161-0033　東京都新宿区
下落合2丁目5番13号
株式会社　**税務経理協会**

振替　00190-2-187408
FAX（03）3565-3391
電話（03）3953-3301（編集部）
（03）3953-3325（営業部）
URL　http://www.zeikei.co.jp/
乱丁・落丁の場合は，お取替えいたします。

ISBN978-4-419-06898-1　C3034